居場所がほしい

―不登校生だったボクの今

浅見直輝

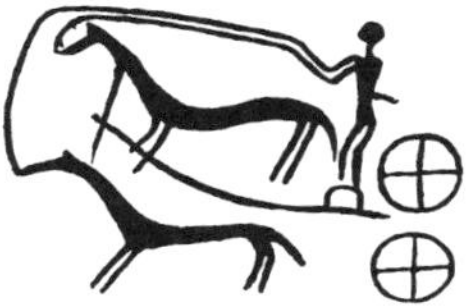

岩波ジュニア新書 884

はじめに

学校、そして教室という世界の中で、「もう自分に居場所なんてない」「世界中が敵だ」と感じたことはありますか？　ボクは、この感情を昨日のことのように覚えています。中学一年生、一二歳の時にボクはその感覚に耐えられなくなり、学校に行かなくなり、引きこもりました。

学校に行かなくなり、教室や学校の外に一人でいるようになってから、ボクはこんな感覚に襲われるようになりました。「きっと、教室中の人たちから笑われているんだろうな。嫌われているんだろうな」。本気でそう思い込んで、一人でもがいていました。

しかも「なんで学校に行けなくなったのか」「何が苦しいのか」を親や周囲の人に言葉にして伝えることができませんでした。本当は伝えたいし、気づいてほしいのだけど……。そんな、伝えられない苦しさも重なって、毎日のように押し寄せる心苦しさや、どうしようもない情けなさ、先の見えない不安から逃れたくて、日々昼夜逆転でゲームにのめり込むようになりました。

しかし、あることをきっかけに、引きこもる日々が終わりを迎えました。人の目が気になって、こんな情けない自分を絶対に見られたくなくて外に出ることは本当に怖かったけれど、徐々に家の外の世界へ踏み出していけるようになりました。

あれから数年がたち、ボクはようやく「学校を休む」ということが、言葉にできない苦しい気持ちを「表現する方法」だったということに気がつきました。当時の絶望的な気持ちや思いを言葉にできるようになってから、ボクの言葉を聞いて元気を出してくれる人たちに出会うことが増えていきました。

はじめに

今、ボクは二四歳です。

中学生の頃に感じていた「孤独」や「つらさ」は、社会人となった今でも直面することがあります。今だって「不安」もあります。けれど、不思議と今は「孤独」や「つらさ」を感じる時に、同時にもう一つ表れてくる「感覚」があります。それは「このつらさもきっと、何かの力になるんだろうな」とか「この孤独感が、まだ出会っていない、どこかの誰かとの「そう、その感覚、わかる！」のような繋がりになっていくんだろうな」という感覚です。

つい数年前まで「自分は一人ぼっちだ」と思って先が真っ暗で絶望していたボクが、いつ、どんな出来事があって、どんな人と出会って、そしてどんな気持ちのゆらぎがあって「もう一つの感覚」が表れるようになったのか。また今は、どんな風に生きているのかについて書いていきたいと思います。今まさに、「自分は一人ぼっちだ」のような感覚を持っている誰かに、その感覚に近い苦しみを持っていたボクの言葉が届くことを願っています。

とはいえ、これはボクの体験です。だからきっと、共感できるところもあれば、そうではないところもあると思います。それに、「君の気持ち、わかるよ」なんて、言われたくないですよね……。

なので、あくまで「一人の少年の物語」のような感覚で読んでもらえたら嬉しいです。そして願わくは、手も足も動かしたくないくらいに落ち込んでいる誰かの力になれたら、そんな状態の誰かのことが気になっている人の力にもなれたらと思っています。

二〇一八年七月

浅見直輝

目次

目次

本書に登場する方々については、ご承諾をえた方以外は、すべて仮名にし、細部を変えてあります。また複数の事例を凝縮して、構成したケースもあります。

1
不登校の始まり

◆コトの始まりは、理科実験室の事件

中学一年生のボクは、仲の良い人の前では明るいけれど、初対面の人には身体を斜めにして様子見をして、なんとなく安心できたら話し始める、そんなタイプでした。

通っていた中学校は、他校に比べるとやんちゃな生徒(昔ならツッパリ、人によっては不良少年と言うかもしれません)が多くて、特に強そうな男子が各クラスに三名ほどいました。学年全体で二〇名ほどの彼らは一年生の中で最も強いグループをつくり、全校集会などで声を出してはしゃいでいたり、授業中にぞろぞろと校庭に出て遊んだりということをしていました。

ボクは中学に入学してから最初の数カ月、そんな彼らに目をつけられないように、悪ふざけや嫌がらせの標的にならないようにと、心のどこかで少しビクビクしながら学校に通っていました。

そんな学校生活を送っていた中学一年前期のある日、理科の授業中に事件が起きま

した。やんちゃな二人の生徒が机を離れ、いたずらを始めたのです。くわしくは書きませんが一つ間違えば大きな事故に繋がる出来事でした。理科の先生は、カンカンに怒っていました。この状況に、生徒の多くが震えました。それには「理由」がありました。

ボクたちの中学校では、各教科担当の先生からの「授業中の生徒の評価」を、帰りの会の時に担任に報告することが決まりでした(評価は、A=良い、B=普通、C=悪い、の三段階です)。そしてボクたちの担任は、バリッバリ体育会系のノリの人で、いったん怒るとどんな生徒でも震えあがらせてしまう先生でした。終わりのチャイムが鳴り、その日の授業を全て終えて、みんな不安な表情で教室に戻り、帰りの会になりました。

「今日の各教科の先生からの評価を報告して」という担任の言葉に、教室中がシーンとなりました。そんな空気の中、報告担当の生徒が暗い表情で立ち上がり「……今日の理科は、C(悪い)でした」と報告しました。するとクラス中が一層静まりかえりました。その無言の教室に、怒りのにじみ出た担任の声が響き渡りました。

「は？」

続いて、更に声を大きくして言いました。

「おい、この中で自分に少しでも原因があると思うやつは、今すぐに手を上げろ！」

なかなか手が上がりません。

「早く、手を上げろ!!!」

先生の怒鳴《どな》り声と生徒たちの無言が続く中、みんなの視線は、やんちゃなあの二人の生徒に集まりました。そして彼らは、しぶしぶと力なく手を上げました。

「お前ら、帰りの会が終わったら、生徒指導室に来い!!」

担任のしめくくりの一声でやっと、緊張の続く時間が終わりました。終わった「はず」でした。しかしここから、ボクの「一年半」にわたる不登校生活への一ページめが始まったのでした。

帰りの会が終わった後、ボクはいつものように机の中身を整理して、持って帰る教科書や資料と今日の宿題をカバンに入れて……とやっていた、まさにその時、「バンッ!!!」と誰かがいきなり、ボクの机を叩《たた》きました。視線を上げると、ついさっき力なく手を上げていた、あのやんちゃな二人が目の前に立ちこう言ったのです。

「おめえも、ふざけてただろ！」

「てめえも、ついてこいよ。」

ボクは、自分の班でおとなしく授業を聞いていました。彼らが起こした事件にも、一切関わっていません。

そう、ボクは彼らの「標的」となり、「道連れ」にされたのです。

ボクは「何も関係ないのに……」と思ったけれど、そんなことは口に出せませんでした。なぜなら、彼ら二人はこの学年で最も強いグループの一員だからです。もし刃《は》向《む》かったとしたら、これから続く約三年間の中学校生活の中で、彼らだけでなく「グループ」からももっと痛い目に合うかもしれない。もっと嫌がらせを受けるかもしれない。そう思うと怖くなってしまって、「ボク、関係ないし！」なんて言えませんでした。そして悔しい気持ちを心の中にグッとしまい込んで、二人と一緒にボクも生徒指導室へ向かいました。

その生徒指導室で、ボクは担任からかけられた言葉に耳を疑いました。

◆「卑きょう者は、お前だ!!!」

生徒指導室で徹底的に怒られたのは、事件を起こし、ボクを道連れにしたあの二人ではなく、「ボク」でした。

「あのな、こいつらはな、帰りの会でみんなの前でちゃんと手を上げたんだぞ。」

「お前だけは、みんなの前で手を上げずに後からひょこひょこ来やがった、一番の「卑きょう者」だ!!!」

と言うのです。

「えっ、なんで……。なんでボクが、「卑きょう者」なの……？」

ボクは、道連れにされただけでも怖かったし、また悔しさでいっぱいでした。先生の言葉を聞いていたら、その感情だけでなく、むなしさ、悲しさまでが心の中から溢《あふ》れ出てきました。

先生は、事実を確かめることなく、ボクに「卑きょう者」の烙印《らくいん》を押したのです。でも、結局ボクは、道連れにした二人にも何も言えず、また先生に対しても、その場で何も言えませんでした。今目の前ですごい表情で怒っている先生に「ボクじゃないんです」なんて言っても信じてもらえないだろうと思いました。それにもし弁明などしたら、ボクを道連れにした二人からも「お前、先生にチクろうとしやがったな！」と問い詰められるだろうと想像できたからです。そしてボクは、この事件について、どこにも行き場がない感情を一人で抱え込むことになりました。

◆学校を休み始める気持ち

この道連れ事件が起きてから、ボクはだんだん学校に行くことを渋るようになりました。今思うと、それはボクが一人で抱え込んでいた苦しさを、周囲の人、特に親に気づいてほしかったからかもしれません。ただ、その苦しさや、そこにいたった理由をどうしても言葉にして周囲に伝えることができませんでした。

心配をかけたくなかったし、それに一日休んだとしても、その次の日からは行けるだろうと思っていたのです。ところが、一日休むと、次の日はもっと学校に行くハードルが高くなるのです。しかも学校に行けず一人ぼっちで家にいると、「クラスの人たちに何て言われてるんだろう……」「きっとあの二人に、バカにされてるんだろうな……」といった考えが次々に浮かんできて、学校や教室が更に怖くなっていきました。

こんな状態が続くうちに、もう学校にはボクの居場所はないと思うようになり、ボクはますます追い詰められていきました。

◆家族に求めていたこと

学校を休むようになってから、母親からの学校への働きかけもあって、担任の先生がボクの家に来るようになりました。ボクはそれが嫌で嫌で仕方ありませんでした。あの事件以来「学校は怖い場所」と心から感じてしまっていたボクにとって、学校に関わる全てのものが恐怖や嫌悪の対象になってしまっていたからです。ましてやあの担任です。会いたくありませんでした。

だから担任が家に来た時には、部屋の押し入れに逃げ込んで「なんで担任を呼んだんだ！」と叫び続け、一歩たりともそこから出ませんでした。そうして学校に関わるもの全てから逃れようとしていきました。

親としては「どうすればこの子が、また学校に通えるようになるか」を考えていたのかもしれません。けれど、ボクとしては「どうこの状況を解決するか」を親に求めていたのではなくて、「大丈夫？　何かつらいことでもあった？」「無理して話さなくてもいいけど、お父さん、お母さんは、あなたの味方だからね」というひと言をほってしていました。

しかし、親とボクの間でのコミュニケーションはうまくいかず、ボクはみるみる自暴自棄《じぼうじき》となり、「家族全体」が暗い暗い穴の中に沈んでいくような状況になっていきました。家族が苦しむ原因が全て「ボクが学校に行かないこと」にあるのだと思うと、親への罪悪感がどんどん膨らんで、更に心が痛んでいきました。

◆家の中の空気

そうした状況の中で、両親が喧嘩《けんか》をする光景を目にするようにもなりました。全てをネガティブに捉えるようになった当時のボクは、親のどんな言葉も「責められている」と感じてしまうようになりました。

両親の喧嘩が始まると、「ボクは、ダメな子なんだな」と感じるようになりました。そうして落ち込むボクの姿を見て、更に親も落ち込んだり、言い合いになったりしました。

そんな風に落ち込んでしまうことがある一方、ボクも親に対して暴言を吐いたり、壁を蹴飛《けと》ばしたり、ふすまを殴って穴を開けたりすることもありました。家族全体が、負のループにどんどんとはまっていくようでした。

◆忘れられない、母親の姿

ある日のことです。ボクは、深夜にふと目を覚ましました。すると、ボクの部屋とリビングを仕切るふすまのちょっとしたすき間から、向こう側のリビングの光が入ってきていました。「リビングに、誰かいるのかな？」と思い、気づかれないようにふすまを数センチだけそーっと開け、向こう側をのぞいてみました。すると、母が一人椅子に座って、声を立てないようにして泣いている姿がありました。ボクは初めて、母が泣いている姿を見ました。

これまでも親子喧嘩はしてきましたが、最後はいつもボクの味方になってくれる母でした。どれだけ口論しても、(こっちは怒りの感情が煮えたぎっているのに!!)数分もしたらケロっとした顔で「ご飯、食べる～？」と聞いてきたり、何か楽しい出来事があったら、楽しそうに笑いながら話をしてくれる母でもありました。そんな温かくて心強い存在だった母が、泣いているのです。それもボクのせいで……。

母に「ごめんね」とひと言だけでも言えたら……とずっと思っていました。けれど、なぜかそのひと言を伝えることができず、ボクはますます「自分は、母さんを困らせる、悲しませる、ダメな子どもなんだ」と思い込むようになって、一層苦しくなっていきました。

◆父親に電話で叫び続けた

学校に通わなくなってからの数カ月間、特に父に対してボクは反抗していました。それまでは、父とはキャッチボールをしたり、図書館に行ったりと、一緒に何かをして過ごすことも多く、決して仲が悪いとかではありませんでした。もちろん喧嘩をすることや反発することもありましたが、父はボクの良き理解者の一人でした。ですが、そんな父からも、学校に行かないことは否定されているように感じました。

そういう空気感を父に少しでも感じると、ボクはますます反発しました。ある時には電話越しでしたが、父に向かって、自分の声が嗄《か》れてノドから血が出てくるんじゃないかと感じるくらいまで「ふざけんな！　家に帰ってくんな!!　どこかに消えてしまえ!!」と泣きながら延々と叫び続けたこともありました。暴言としかいいようがありませんが、それは「父さん、ボクの苦しさに気づいて」という気持ちの、ボクなりの表現でした。

　ボクが学校に行けなくなってから、父も母も、ボクに何度も何度も温かな言葉を投げかけてくれていたそうです。でも、学校で起きたことのトラウマや、学校に行けない自分に対する情けなさ、親を苦しめてしまうことへの罪悪感を一人で抱え込んでいたボクは、もういっぱいいっぱいになってしまって、特に温かな言葉や優しい言葉を素直に受け取ることができませんでした。

　そんな中、ボクにとって救世主のような存在が現れました。それは、遠くに住むボクのおばあちゃんでした。

おばあちゃんが家まで来てくれた

　一人でもがき苦しんでいたある時、遠くに住む高齢のおばあちゃんが、何時間もかけてボクの家に駆けつけてくれたことがありました。一二歳の孫であるボクのことを想ってのことでした。

「味方してくれる人が、ボクにもいたんだ……。」

そう思えることは、ボクにとって大きな励みになりました。ただ、当時のボクは「自分は、人を苦しめることしかできない」「迷惑をかけることしかできないダメな子だ」と思い込んでいて、頭も心もぐちゃぐちゃで、「思っていること」と「口に出る言葉」が嚙み合わなくなっていました。

ボクは、何時間もかけて来てくれたおばあちゃんに「ありがとう」「おばあちゃん、嬉しいよ」と伝えたかった。なのに、ボクの口から出てきた言葉は「なんで来たんだよ！」「おばあちゃんにボクの気持ちなんてわからないくせに！」「早く帰れよ!!!」でした。

いつもは温かな笑顔のおばあちゃんが、ボクの口から出た言葉を聞いて悲しい顔をしました。そんな顔を初めて見ました。全てはボクの暴言のせいなのだけど、そんなおばあちゃんの顔を見たらボクも悲しくなりました。

「ああ、ボクは、味方になってくれたおばあちゃんのことすらも傷つけてしまった……。」

そして、もうわけがわからなくなり、自分は暴言しか吐けないどうしようもない人間だと思い込んで、勢いでこう続けてしまいました。

「ほんとにうざいんだよ！　早く帰れよ!!」

あの時までも、あの時からも、こんな暴言をおばあちゃんに投げつけたことは一度もありません。おばあちゃんをののしってやろうと思ったこともありません。

でも、学校に行けずに一人でもがき苦しんでいたあの時は、違いました。自分では良くないことをしている自覚はあるのに、家族や周りにいる人に暴言を吐いてしまったり、壁を殴ったり蹴ったりして、物にもあたってしまうのです。

おばあちゃんにひどいことをしておきながら、ボクは心の中で泣いていました。

「おばあちゃん、ごめんね。」

「おばあちゃん、帰らないで。ほんとはもっとここにいてほしいんだよ……。」

ボクは、こんなぐちゃぐちゃの感情の波や渦の中に一人でおぼれていました。

◆ボクの中に、ボクはいない

こうして、だんだんボクは「自分は、存在しているだけで、周りの人たちを不幸にしてしまう人間なんだな」と思うようになっていきました。

そして、ちょっとしたことでも自分を責めるようになりました。嘘のような本当の話ですが、例えばお茶を飲んでいてちょっと手を滑らせて数滴こぼしてしまった時には、「やっぱりボクは、何もできないんだ」「みんなが当たり前のようにできることを、どうせボクはできないんだ」と……。

本当は「自分を変えたい」って心のどこかでは思っているのかもしれないけど、いつまでたっても、変わることができずにいました。

こうして、もうボクの中に、以前のボクはいなくなりました。というより、ボクはボクを「存在してはいけないもの」だと思うようになっていきました。

◆ゲームにハマる、本当の理由

学校に行かなくなってから、ボクはゲームにハマるようになりました。気がつくと、いつしかお昼の三時頃に起きてゲームを始めて、翌朝、窓の外が明るくなるまでずっと続けて……という昼夜逆転の生活になっていきました。ただ、何時間もゲームを続けていると親に叱られてしまうから、深夜は部屋の明かりを消して、暗い中で物音を立てないようにしながらひたすらゲームをしました。

それでも見つかって「なんでいつまでもゲームしてるの！」と親に叱られると、何かしら口答えはするけれど、「これが理由だ！」みたいなものは正直自分でもわかりませんでした。

ただ、今になって、ゲームに没頭していたあの頃の自分の気持ちがなんとなくわかってきました。理由はシンプルです。ゲームしか、「自分にできることって、あるんだ」と思えることがなかったからです。

ゲームをしている時、こんな場面があります。

「よっしゃ！　ボス戦クリア！」「きたー！　アイテムゲット！」「やった、これで一気に経験値がたまって、レベルアップだ〜」「おお、これが新しく使えるようになった技か……！」などなど。こういった、ゲーム中のちょっとした瞬間だけが、「ああ、ボクにも、「できること」ってあったんだな」と思える「唯一」の時間だったんです。それに、ゲームだけは、ボクを「否定」してきませんでした。

「自分も成長できるんだ。」

「自分も、変わることができるんだ。」

こんな感覚に飢えていました。だからボクはゲームに没頭し続けていきました。もうこれ以上、「自分は何もできないダメ人間なんだ」という感覚に押しつぶされることに耐えられなかったんです。

けれど、ゲームばかりしていると、結局また叱られてしまいます。「ゲーム脳になるぞ」とか、「お前はゲーム廃人か！」と。


父や母、周りの人たちから見れば、たしかにボクはゲームをしているようにしか見えなかったかもしれません。でもボクは、自分を守っていただけなんです。「もう学校にも家にも居場所がない」「自分は何をしてもダメな人間なんだ」という感覚から逃れることができるなら、ゲームじゃなくてもよかったんだと思います。ただ、当時のボクにとって自分を守る手段はゲームしかなかったのです。親を怒らせて、困らせても、自分自身が罪悪感に苦しんでも……。

「もう、ボクは、どうしようもない人間だな」「なにをしたって、周りの人に迷惑をかけてしまうんだな」と、しだいにボクはこう思うことしかできなくなりました。

そして、夜な夜な、親にバレないようにあることを調べるようになりました。どうすれば、ボクはこの世の中からいなくなることができるのだろう、と。きっと、ボクがこの世の中からいなくなることが、親や周りの人たちの悲しみや苦しみを無くすために必要なことだから。学校にすら行けない、周りを困らせることしかできないボクなんて、明日を迎えてしまってはいけない存在だから。そう思って、親が寝静まった深夜、明かりを消した自分の部屋で「世の中から自分を消す方法」を調べ、その度に涙が溢れてきました。たぶん、心の底では、自分のことを信じたかったんだと思います。本当はもっと生きていたくて、誰かに手を差し伸べてもらいたい気持ちがどこかにあったのだと思います。でも、そんな気持ちは言葉にできない。こうして、夜になると何の光も希望もない、真っ暗闇の中にボクは沈んでいきました。

◆家の外に出たきっかけ

引きこもり続けていたボクにとって、「外出」は「恐怖」でした。毎日のように外に出ていた過去の自分からは想像できないほどの怖さがありました。

どうしても外に出なければいけない時は、周りから顔を見られないようにツバの長い帽子を深々とかぶって外出しました。その時に運悪く、中学校の同級生たちの声が聞こえてくると、ボクは本当にゾッとして血の気が引きました。言葉では表現できないほどの、緊張、恐怖、不安が溢れ出してきました。

何カ月も学校に通っていなかったボクは、「きっと学校では悪いウワサが流れていたり、バカにされたりしているんだろうな……」と思い込んでしまっていました。だから、もしも同級生に出会ってしまったら、翌日にはクラス中に「ウケる話」として「あいつコンビニで見たんだけど……！　まじで笑った〜！」みたいな話が広まっていくんじゃないかな……と、本気で思っていました。

他にも電車やバスなど、知らない人しかいない場所だとわかっていても、こっちをチラッと見ながら何か話している人たちがいると、「ああ、ここでも悪口を言われてるんだ……」と思ってしまう。家の車に乗っていても、近くに学生の集団がいると必ず窓の下に隠れる。そんな状態でした。

ただ、そんなボクでも、家の外に自ら出ていける時がありました。その最初のきっかけは、ボクがハマっていたゲームの限定デザインのおかしがコンビニで発売されたことでした。冗談はよしてくれ！と思う方もいるかもしれませんが、「外に出る怖さ」よりも「好きなことや興味があること」の方が大きくなる時だけは、近所のコンビニくらいまでなら出歩くことができたんです。

そしてある日、コンビニ以外の場所にも行く機会がありました。そこは、地元にあった「学校に行かなくなった子どもたちが集まる居場所」(行政が運営しており、現在は「教育支援センター」という名称になっています)でした。母が学校の先生やスクールカウンセラーの人にどうすればボクの孤独感がやわらいでいくかや、地域にどんなサポートがあるのかについて相談していた時に紹介された場所でした。

ただ、やはりボクとしては「学校に関わる全てのもの」を心から拒否していたため、絶対に絶対に絶対に絶対に学校から紹介された場所なんて行きたくないという気持ちでいっぱいでした。にも関わらず最終的にボクがこの場所に行ったのは、そこに「卓球場」があったからでした。拍子抜けするかもしれませんが、これが最大の理由でした。

ボクは当時、ゲーム以外では卓球が好きでした。最初に外に出た「ゲームの限定デザインのおかし」のように、やっぱり好きなことや興味があることがそこにあるなら、そこに行く勇気が少し出てきました。

「外に出るのは嫌だけど、でも、好きな卓球は久々にやってみたいし……。」

「まあ、卓球できるなら、少しだけなら行けるかなあ……。」

そんな気持ちが出てきたんです。何より、初めは敵のようにすら思ってしまっていたボクの母が、「直輝の好きな卓球、一緒にやりに行こうか」と、ボクの好きなことを肯定してくれて安心できたことも、自分にとって大きな後押しになりました。

向かった子どもたちの居場所で、ボクはあるおばちゃんと出会いました。

◆心を開いた、おばちゃんとの会話

そこには小学一年生から中学三年生までの子どもたちがいました。それぞれのペースで、思い思いに時間を過ごしていたり、何人かで一緒にスポーツをしたり、楽器で遊んだり、勉強をしたりしていました。

子どもたちの多くがボクと同じように学校という場所でのトラウマがあって集団に入るのが苦手、昼夜逆転生活で朝なかなか起きることができない、体力が続かないといった理由があってここに通っているようでした。年齢や学年に関係なく、みんな何かに対する違和感、悲しさ、諦めの気持ち、葛藤を持っているようにも見えました。

居場所には数名の職員や相談員の他に、子どもたち一人一人の悩みに向き合うカウンセラーもいました。そこでボクは、鈴木さんという五〇代半ばくらいの女性の相談員の方に出会いました。

久々に外に出てその居場所に行った時、ボクはいきなり子どもたちの輪の中に入るなんて不安や緊張だらけでとてもじゃないけどできなかったので、まずは鈴木さんと広々とした温かい雰囲気の部屋で話すことになりました。

　部屋に入ってからもボクは「いや、話したくない。絶対に話なんてしたくない！」という気持ちでムスっとした表情をしていました。けれど鈴木さんは優しい表情で「無理はしなくていいからね～。嫌だったら、もう部屋を出ちゃって卓球していいからね～」と言ってくれました。その言葉を聞いて、「あ、この人は、『まずは、君自身が楽にできることが一番だよ』と思ってくれてるんだな」と感じて、鈴木さんに対して少し安心感を覚えました。

　とはいっても、それまで長い期間ボクは「ゲームの世界のキャラクター」とばかり会話をしていて、家族とも「会話」というより「言い合い」が多い時期でもあったので、ボクにとって「人との会話」はかなり久々でした。まして鈴木さんは、大人の人だったので、正直とても緊張しました。何を聞かれてもあまり答えられなかったし、そもそも会話になっていなかったかもしれません。

それまで、周りの大人たちと会話をする時は、だいたい次のような中身が多いと感じていました。例えば、ボクが学校に行っていないことを知ると、たいていの人が「ちゃんと行きなさい」と言うか、「どうすれば通えるようになる?」と聞いてきて、行けなくなった原因を突き止めようとしてきたりしました。

ボクが、もうこれ以上アドバイスを受けたり否定されたくなくて、その場しのぎで「学校、行こうかな……」と言うと、どんな大人も喜んだり、ほめてくれたり。でも、「やっぱり行けない……」と言うと、怒られたり、説得されたりしました。

要するに、会話が「学校ありき」で、学校に「行く」「行かない」のかで、大人たちの態度が大きく変わっていくんです。

いろんなことに敏感だったボクは、ついついこう感じてしまいました。「みんなの会話の相手って、「ボク」ではないんだな」と。一方で、鈴木さんとの会話は、違いました(ほんの数十秒の会話でしたが、その時のことは今でも鮮明に覚えています)。

ボク「学校、行ってなくて。」
鈴木さん「そうなんだねぇ。でさ、直輝くん、昨日の巨人VS阪神戦、見た？　野球中継！」
ボク「あ……、見ました。ボク、野球見るの好きで……。」
鈴木さん「野球、好きなんだね！　すごい試合だったよねぇ。直輝くん、見てみて、どうだった？　楽しかった？」

このたった数十秒の会話の中に、ボクにとって、心にドーーンと衝撃を受けるような「嬉しさ」がありました。

鈴木さんが会話をしてくれている対象や相手は、「学校に通っているボク」でもなく、「学校に通っていないボク」でもなく、ただただ「ボク」だったんです。

「ボク」が、何を好きなのか、何に興味があるのか、どんなことを日々考え感じているのか……。

「ああ、この人は、「学校どうこう」ではなく、「ボク」と話をしてくれているんだな。」

真っ暗闇に一人でいると思っていたボクにとって、あるがまま、そのまま受け止めてもらえたことがとにかく嬉しかったのです。

でもその嬉しさを、ボクは表情には出さないし、言葉にもしませんでした。そこは、あまのじゃくというか……。だけれど、確実に、心の奥底に響いてくる何かがありました。そしてこの嬉しさや安心感が入り口となって、少しずつボクの生活や考え方に変化が生まれていきました。

◆変化の兆し

気兼ねなく、興味のあることを一緒に話せる人がいる。ボク自身に向き合ってくれる人がいる。この嬉しさがボクの中に変化を起こし始めました。

先述した子どもたちの居場所に行くようになるまで、ボクの生活の中心は「ゲーム」でした。昼の三時頃に起きて、翌朝まで一日一二時間以上ひたすらゲームをする昼夜逆転生活を送っていました。その生活に、新しい居場所と「鈴木さんとの会話」が加わったんです。それから、少しずつ少しずつですが、ゲーム以外のことにも目が向くようになっていきました。

例えば、鈴木さんと野球の会話をできたことが嬉しくて、今まで以上にテレビで野球中継を見るようになったり、そしてまた鈴木さんと野球の話をしてみたり、他にも、居場所に来ているメンバーと話をするようにもなりました。また家の近くの場所くらいなら、前より出歩けるようになったりもしました。

徐々にゲーム以外の時間が増えていきましたが、すっぱりゲームをやめる、みたいなことにはなりませんでした。なので、父や母から見れば「結局またゲームをしている」と思われていたかもしれません。それでも確実に、心が軽くなっていく感覚がありました。

「ボクの気持ちに、上からでも下からでもなく、仲間のような立場で向き合ってくれる人がいる」。そうした感覚がボクの中で変化を起こし始めていました。

◆安心できた親の言葉

実は、ボクが学校に行かなくなってから、親が「子どもがどうすれば学校にまた通えるようになるか」「他にどんな学校があるか」について、いろんな本を読みながら調べていることに気づいていました。それはきっとボクの未来を思ってのことなのだろうけど、どこか違和感がありました。

当時のボクにとってはそもそも「今」のことだけで精一杯でした。だから「つらい時も、あるよね」「本当につらい時は、休んでも大丈夫だからね」という「ボクの今」

に向き合ってくれる言葉をほっしていました。今に対する安心があって初めて「未来」「先」について考えられるようになるんだと思います。

だから最初は「受け入れてくれていない」と感じることが多く、そんな親たちに対して暴言をぶつけてしまっていました。そんな父と母が、時間の経過とともに「〜しなさい」や「学校に行くの行かないの？」ではなく、「今は、つらいよね」「まずはゆっくり心を休めようね」といった言葉をかけてくれるようになりました。それらはボクにとって味方がいるという安心感になったし、前を向いていく時の励みにもなりました。

とはいえ、急に全てがうまく回り出したなんてことはありません。鈴木さんのいる場所に行くことすらもやっぱり怖くなってきてまた引きこもったり、昼夜逆転の生活に戻ったりして、その度に家族の気持ちが沈んでいきました。外出が怖い気持ちも、すぐには消えず、「え、また逆戻りしちゃうの……？」と親を不安にさせたことも一度や二度ではありません。そんなことを、何度も何度も繰り返しました。

◆同級生からの一通のメール

ボクが学校に通わなくなってからも、たまーに学校から何人かの同級生がボクの家に「派遣」されてきていました。先生も時々来ました。おそらく親や学校の先生がいろいろと考えて、ボクをなんとか元気づけようとしてくれていたんだと思います。

いくらか前向きにはなってきたものの、やっぱりまだまだ「学校」に関わるもの全てに拒否反応がありました。だから先生や同級生がボクの家に来ることは(申し訳ないけれど)嫌で嫌で仕方ありませんでした。窓の外から中学生の声が聞こえてくるのもダメでした。「ああ、ボクは家で一人、何してんだろう」「みんなは学校に行っているのに」「ほんとにボクは情けない、ダメ人間だな」と思い知らされるからです。

けれど、居場所で鈴木さんやそこに来ているメンバーと話をしたり、親との関係が修復されてくる中でボクは、「ダメな存在ではない」と感じることができるようになっていきました。それからは、周りから発せられる言葉の受け止め方がボクの中で変わっていきました。同じ言葉を受けても、受け止め方や捉え方がネガティブ一辺倒ではなくなっていったのです。するとボクの中で「学校」の位置づけも変わってきました。

そんなある日、携帯に突然一通のメールが届きました。それは、同級生からのメールでした。「あさみー、待ってるよー」という、たったひと言のメール。

本心なのか？　それとも先生に言わされているのか……。いろんな思いが頭をよぎりました。けれど、やっぱりそういうひと言をもらえると、心のどこかで嬉しさを感じます。

教室の外の世界に一人ぼっちでいる時って、本当に怖くなってしまうんです。「きっと教室中の人に、学校中の人に、世界中の人に自分は嫌われていて、バカにされていて、笑われているんだ」と本気で思い込んでいました。

だからこそ、そういう孤独感や寂しさがある時に、教室に「たった一人」でも味方がいると思えることって、大きな救いになることもあるんです。教室の「中」にいる生徒にとっては、「ちょっとしたこと」のように思えるメールやLINEでのひと言でも、「無理しなくてもいいけど、待ってるからね」といった「たったひと言」でも、教室の「外」で孤独と戦っているボクのような人にとっては「勇気」や「支え」になることもあるんです。

ボクにとってはまさにそうで、教室にいる「一人の味方」が、「一〇〇〇人の味方」ぐらい心強いものに感じました。

学校にまた通い始めた理由

ボクは、「学校」に戻りたかったわけではありません。うまく言えないけれど、ただただ「居場所」がほしかったんだと思うのです。

「ここなら、いてもいいんだな」と思える居場所、「つらくなったら、ここに帰ってきてもいいんだな」と思える居場所。そして学校の中にも「ボクがいていい」と言われる場所がほしかったんだと思います。それができたことで、「学校」に戻れるかもしれないとも思ったし、そもそも、「理科の実験室での事件」や「生徒指導室での出来事」を通して、ボクにとって学校は「学ぶ場所」ではなく「怖い思いをする場所」になっていました。だから、「怖い思いをする場所」に戻る勇気はなかなか持てなかったのです。

けれど、「鈴木さん」のような、学校ありきではなくボクと会話してくれる人との出会いや、「親も、ボクの苦しさに気づいてくれたのかも……」という安心感が生まれ、学校の外や家の中にも居場所ができたことで、ボクの考えや気持ちが変わっていく一つめのきっかけになりました。

そしてそんな中で、同級生からのメールを通して「学校に、味方がいるのかも」と思えたことが、ボクが次の道、つまり学校へ戻る二つめのきっかけになりました。

ボクの中では「学校」に戻ったというより、「居場所があるのかも、と思える場所」

に行ったという表現の方が近い気がします。もし学校が「怖い思いをする場所」のままだったら、きっと戻っていなかったと思うからです。仮に無理やり戻っていたとしても、いつか苦しさが爆発していた気がします。それに今度何かあっても逃げる場所があると思えたことは大きかったです。

そうして再び登校を始めましたが、クラスの話題がボクが不登校だった頃のトピックになるとすごく寂しくなったり、何かの時には不安になったり、怖くなったりもしました。必ずしもすんなり再登校していたわけではありません。けれど、ネガティブな気持ちになった時に「帰る居場所があるんだな」と思えること、支えてくれる友人や先生、家族やその他の存在がボクにはあることを思い出すと、「もう少しだけ、頑張ってみよう」と気持ちを切り替えることがだいぶできるようになりました。

中学を卒業する時が近づいてきていました。

2

高校時代

—心は学校に通っていない

◆高校に進学する

中学を一年半休み、徐々に学校生活に戻っていったボクですが、次に「進路をどうするか」という問題が出てきました。一年半の欠席によって内申点や成績がかなり低く、どう努力しても進学できる高校が限られるというのが現実でした。また学校へのトラウマのようなものもあったので、「学校」を探すというよりは、「興味を持てること」や「安心できる場所」を探すことを、進路を考える一歩めにしました。親もいろんな学校ガイドなどを読んで、勉強や内申点にハンディがあったボクでも無理なく通えるような高校を探してくれていました。「子どもの状態」をもとに次の道を探してくれたことは、ありがたかったです。

そしていくつかの学校を見る中で、ボクは「興味を持てる部活」を進学先選びの一つの基準にしてみました。その中で、「ハンドボール」に興味を持ちました。実は中学時代に野球部に入っていたので野球にも興味がありましたが、結局ほとんどプレーもしていなかったので、高校から始めても周りに追いつけないだろうなと不安がありました。

一方で、「ハンドボール」は、野球にも少し近いし高校から始める人も多く、これなら自分もやっていけるかもしれないと思って興味を持ちました。そうしてボクは、なんとか進学できそうな高校の中からハンドボール部がある学校を選びました。

興味を軸に進路を探したことは良かったなと今でも思っています。なぜなら、どの場所に行っても結局つらいことはあるし、うまくいかないこともあるので、その時に「興味を持てるもの」が一つでもあると心の支えになるからです。事実ボクは高校に毎日通いながらも、ある不安を心の中に抱えていました。

◆モヒカンになった高校一年時

高校には、休むことなく三年間通い続け、部活動も続けました。そして、不登校だった中学時代からは想像ができないくらい活発で明るい生徒になりました。

一方で強がったりもしました。例えば入学式の前夜に茶髪にして、入学式当日にすぐさま担任から呼び出しを受けたり……、ワックスで髪をツンツンにしてワルぶってみたりしました。キャラを変えようと思ったのです。少しでも強く見えるようにしたかったのです。

ボクの通った高校は、中学校と似ていて結構やんちゃな生徒も多かったからか、頭髪検査が厳しく行なわれていました。男子は、前髪が眉毛にかかってはダメ、横髪が耳にかかってはダメ、襟足《えりあし》は、ワイシャツの襟にかかってはダメと、細かくルールが決まっていました。

ボクは、そういう指導に少しでも反発したくて、でも思いっきり叱られるのも嫌だから、やり過ぎない程度にと考えました。しかし前髪も制限されて、横髪も制限されて、後ろ髪も制限されたので「ムカつく！」ばかりでしたが、「よし、こうなったら、前でも横でも後ろでもなく上だ!!!」ということで、高校生活が始まってからボクは

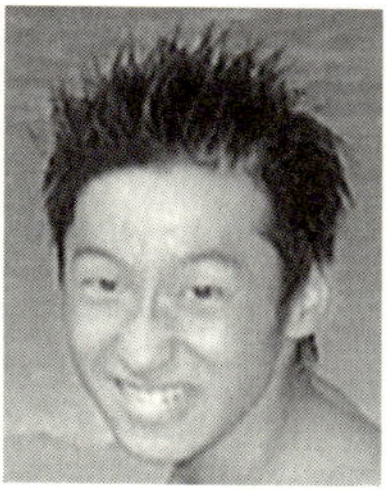

モヒカン時代
(高校生)

「モヒカン」になりました(写真)。その結果、つけられたあだ名が、「鳥」でした。

「なんか、にわとりのトサカみたいだね、その髪型」と友人に言われて、モヒカン生活はあっという間に終わりました。ただ、こうして強がったりワルぶったりする裏には、周りにはあまり言えないボクなりの気持ちや理由がありました。

◆自分を強く明るく見せる理由

高校に毎日通いながら、一つおびえていたことがありました。それは、進学した高校に、同じ中学校から進学する生徒がかなり多くいたということです。そう、ボクが「不登校」をしていた中学校の同級生たちです。

中学でも高校でも、「学校に通うのは当たり前。通えない生徒は、何か問題のある人だ」という既成概念をみんながもっているように感じていました。だからボクは絶対に「不登校だった過去」を高校の友人たちに知られたくありませんでした。もし仮に知られてしまったら、きっとあっという間に生徒たちの中でウワサが広まって「あいつ、中学時代、学校に通えてなかったらしいよ」「えー高校デビューかよ(笑)。だっさ〜(笑)」みたいなことを言われるんじゃないかな……と、思い込んでいました。「過去を知られてはいけない」という気持ちから、ボクはあえて強がったりワルぶったりして、中学時代とは「違うキャラ」になろうとしていたんです。

なので、高校に通い始めた頃は、過去がバレるのが「怖いから」毎日通い続けていました。一日でも学校を休んでしまったら、「そうそう！　あいつ、中学校の時も……」みたいな話になるんじゃないか……と。それが怖くてたまらなかったのです。

そんなボクが高校二年生になった時、今までずっと隠し続けていた自分の過去を、初めて打ち明ける出来事がありました。それは、ある友人への「電話」でした。

◆ハンドボール部のチームメートに打ち明けたこと

ボクが入部したハンドボール部は、高校になってこの競技を始めたという人がほとんどでした。その中に、後にボクの過去を話すことになった「みのる」もいました。

みのるはボクらの学年のエースでした。試合ではいつも得点をバンバン決めてチームを引っ張ってくれて、強いチームとの試合で失点し続けている時も、みのるがガツンとシュートを決めてくれると「よし、ここからだ！」とチームが勢いづくような存在でした。

部活後には、部室でよくみんなでふざけ合ってゲラゲラ笑い合っていたのですが、そんな時もみのるは「お前ら、ほんとにあほだな」と目を細めて言ってくる、でも結局最後は一緒にふざけたりする、そんな友人でした。たまたま帰る方向が一緒で、お互い自転車通学だったこともあり、よくいろんな話をしながら帰っていました。

そしてある日のことでした。いつものように部員たちがグラウンドに出てストレッチをして、練習を始めるタイミングで、何かが普段と違うことに気がつきました。みのるの姿がなかったのです。

でも、クラスの話し合いや委員会の活動が長引いて、生徒が部活に出るのが遅くなるということはたまにあったので、その時はあまり気にしませんでした。

ただ、練習が終わりに近づいても、みのるは現れませんでした。そしてその日は、みのるがいないまま練習が終わりました。もちろん、部室にも現れませんでした。そうした状態が何日も続きました。そう、みのるは学校に来なくなっていたのです。

◆みのるが言い放ったひと言

みのるが来ない日が続くうち、さすがに他の部員たちも心配するようになっていきました。突然来なくなったし、その理由も誰もわからないのでした。

「みのる、どうしたんだろう？」そんなことを思っていたある日、突然みのるが学校に戻ってきました。しかも何食わぬ顔で、部活にも出てきました。いつも通り部活の練習をして、いつも通りプレーもしていましたが、でも、何だか普段と様子が違う気もしました。何か思いつめた感じというか、人を避ける感じがあるように見受けられました。

「みのる、どうしたのかなあ」と気になりましたが、「何かあったの？」と突然聞くのはよくないような気がしたし、もし自分だったらいちいち聞かれるのは嫌だしなあといろいろ考えてしまいました。ひとまず何も聞かずに部活の練習を続けました。

そして練習を終えて、ボールや道具を片付けて、みんなと部室に戻っていきながらさりげなく姿を探すと、みのるは洗い場で足を洗っていました。

「よし、声をかけてみよう。」

声をかけられるのは嫌かもしれないけど、やっぱりみのるが最近どうしていたのか気になるし、もしかしたら一人で何かに悩んでいるのかもしれないし。正直、声をかけるのはかなり緊張もしたけれど、思い切ってみのるに話しかけてみました。

「みのる〜、ここ最近、どしたん？」

すると、みのるはこちらを向いて、すぐにこう答えました。

「俺、学校、辞めるわ。」

突然でした。さっきまで、いつも通り部活の練習もしていたのに。しかも、誰がなんと言おうと「もうこの考えは変えない」、そんな空気を身にまとっていました。きっとみのるは、いろんなモヤモヤやつらさを抱えているのかもしれないけれど、それを周りには絶対に見せようとしないし、言おうともしないのです。

そんな、とりつくしまもないみのるの様子を見て、思うことがありました。

「ボクも中学の頃、一人でいろんな気持ちを抱え込んで、誰にも言えなかった時があったなあ……」「みのるにも何かがあって、学校に来られなくなって、辞めるしかない、って思っているのかも」とか、「学校に行けなかった時、「みんなに何を言われてるんだろう」「陰口を言われてるんじゃないかな」って、すごく怖くなったこともあったな……」とか、あのしんどかった時の感情や情景がボクの中によみがえってきました。

そこまで考えた時、「もしかしたら、みのるも今、あの時のボクと似たような状況なのかもな……」と思いました。とにかく、みのるが一体どうしたのか、気になり、心配でしたが、すぐに何かを言うことはできませんでした。ぼんやりしながら家に帰りました。

◆「連絡してみようかな……」

家に帰って食事をすませると夜の八時くらいでした。

みのるの様子がどうしても気になって、連絡をしてみようかなと思いました。だってこのままじゃ、みのるは学校を辞めてしまうかもしれないというか、本人は辞めるって言い切っているし……。今の高校に通い続けることがみのるにとって一〇〇パーセント良いことなのかどうかはわからないけれど、少なくとも今抱えている「つらさ」や「しんどさ」を誰にも言えないままみのるが苦しんでいるとしたら、それは何とかしないといけないと思うし……。

そこで散々悩んだ末、携帯でみのるにメッセージを打とうとしました。けれど、それはそれで指が進まないのでした。

「いやー、やっぱ突然連絡来たら嫌かなあ。」

「逆に怒らせちゃって、これで学校を辞めることが決まったりしたら……くはぁ、どうするのがいいんだろう……。」

だけど、「学校や教室に一人でも味方がいると思えること」って、自分の勇気になったしなあと思い出し、連絡だけは必ずしようと決めました。とはいえメールじゃどうにもうまく気持ちを表現できなかったので、電話をすることにしました。「電話しても、出てくれるかな……。なんて話せばいいかな……」とビクビク緊張しながらも、思い切って電話をかけてみました。

◆電話でボクのことを話す

「……プルルル、プルルル。」

何度めかの呼び出し音のあとに、みのるが電話に出てくれました。

「何?」

いつになく、暗い感じの声でした。

「あ、みのる……なんか、電話してみようかなあと思って……。」

電話に出てくれたら出てくれたで、またちょっと焦りました。ただ、もしかしたらこの電話が少しでもみのるの「力」になるかもしれない、と思って焦る気持ちを必死におさえ話をすることにしました。

みのるが今どんな気持ちなんだろうとか、大丈夫かなあと気になっていたけれど、いきなり「何を悩んでいるの」とか「学校で何かあったの?」みたいな話をされるのは嫌だよなあと思い(ボク自身がそうだったし)、まずはたわいない会話から始めてみました。

「こないだ、あんなことあったな～」とか、「こんなことあったな～」とか、「AKB新曲出したよな～」とか、とにかくまずは、みのるが嫌な思いをしないですむ、ありふれた話題から話を始めました。みのるは、いつものように相槌《あいづち》を打ちながら、会話をしてくれました。

そんな話を続けていく中、いよいよ本題に入ろうと思いました。しかし「どうして、みのるは学校に来なくなったの？」「なぜ、学校を辞めると決めたの？」という言葉がなかなか出てきません。

◆無言

いざ切り出そうとすると、言葉が出てきません。そこでボクは、無理に話を聞き出すのではなく、ボク自身の体験、学校の中で誰にも言えずに抱えていた苦しさやモヤモヤを先に話すことにしました。とにかくみのるに、「一人ぼっちじゃないよ」と感じてほしかったからです。

「実はさ、中学の頃、学校に通えなかった時期があってさ……。」

話を切り出すと、みのるは無言になってしまいました。

「やっぱり、話すべきじゃなかったかなあ……。」

そう思いながらも、孤独の中にいた時のボクの気持ちを話し続けました。

やんちゃ集団に目をつけられないようにビクビクしながら学校に通っていたこと。突然クラスメートに道連れにされたこと。逆らえずについて行った生徒指導室で「お前が一番の卑きょう者だ」と怒鳴《どな》られたこと。その時の葛藤や苦しさを相談できる相手がどこにもいなかったこと。

「……。」

みのるは、ずっと無言でした。でも、ボクは続けました。

学校を休むようになって教室の外に一人でいると、世界中が敵のように感じて、孤独感に襲われるようになったこと。

「変わりたい」って心のどこかでは思っているのに、どうしても変わることができなくて、そんな自分が嫌で嫌でたまらなかったこと。

つらすぎる感覚から逃れたくてやっていたゲームすらも、家族を苦しめてしまうんだと感じて、どこにも行き場がなくなったこと。

そして、「もう、ボクは生きているだけで、迷惑なんだな」と思うようになったこと……。

話しているうちに、高校に入ってから強がってワルぶってひた隠しにし続けていた心の中の何かが、溢《あふ》れ出てきました。そして、勝手に出てくる涙を止めることもできなくて、話すのもつっかえつっかえになってしまいました。

「なにか、みのるの力になれたらな」「みのるの気持ちが少しでも軽くなったらな」と思ってかけた電話なのに……。

「ごめん、なんで自分が泣いてんだろ、ごめん……。」

みのるにそう言うのがやっとでした。

「……。」

みのるからの返答は、何もありませんでした。みのるは、ずっと無言でした。みのるは無言でしたが、携帯の向こう側で、声を押し殺すようにして泣いていました。

◆その後

その日の電話の最後は、何か意味のある言葉を交わすのでもなく、気がついたら終話ボタンを押していました。だから、しばらくして落ち着いてくると「みのる、どう感じただろう……」「みのるのこと、傷つけちゃったかな……」とボクは不安になるのでした。

そして電話をかけてから数日がたちました。その日も授業を終えると、部室に行きました。みのるの姿はありません。

「そっかぁ……。電話、良くなかったかなぁ……。」

そう思いながら、部活の練習着に着替えてグラウンドに出ました。するとそこにシュート練習をしているみのるの姿がありました。びっくりしました。そしてそれ以上に、嬉しさを感じました。

それからは部室にも、ふざけ合う輪の中にも、自転車での帰り道でも、みのるは横にいました。あの日の電話のことについては、お互いに何も話しませんでした。ただ、お互いの中に何か温かな繋がりが生まれたように感じました。

そして数年がたってから、あの頃、みのるがどんな気持ちだったのかを聞く機会がありました。

◆数年ぶりの再会

高校を卒業してから数年ぶりに、みのると再会しました。かなり久しぶりだったので、あれからあんなことがあってさ〜、こんなことがあってさ〜と、また高校生の頃のようにいろんな話をしました。

そして会話の中で、(聞くのは少し緊張したけれど)あの夜電話した時、みのるがどんなことを感じていたのかを聞いてみました。すると、みのるはその時の気持ちを話してくれました。

「あの時さ、口では言わなかったけど、俺、まじで孤独だった。」

「やっぱ、学校の外に一人でいると、めっちゃ怖くなるし。」

「そういう時にひと声もらえることって、すごく支えになったよ。」

みのるとボクは、学校に行けなくなった時の年齢や学年が違うし(みのるは当時高校二年生。ボクは中学一年生)、その理由も状況も違いました。

でも「学校の外の世界」に一人でいる時の怖さは、共通しているんだなあと感じました。孤独を感じている時って、当人はその気持ちをなかなか表には出せないし、たとえ聞かれたとしてももうまく言葉にすることができない。そんな感覚も、似ていました。だからこそ、そういう時にかけてくれたひと声や優しさやありがたみもお互い感じていたし、そういうひと声は何年たっても覚えていました(声をかけてもらった時は、反発したり無視したりしてしまうこともあるのですが、やはり、心のどこかに嬉しさもありました)。

数年ぶりの再会．みのる(右)と筆者

これは「みのる」と「ボク」に起きた出来事だけれど、きっとボクたちの高校にも、中学校にも、同じような気持ちを抱えていた生徒がいたと思います(ボクの不登校のきっかけとなった、道連れにしてきたあの二人だって、それぞれ何か人には言えないつらさがあったのかもしれません)。

写真は、数年ぶりに二人で会った時に、一緒に撮った写真です。もし、あの時みのるに電話をしていなかったら、みのるに声をかけるきっかけにもなったボク自身の不登校経験や孤独を感じた経験がなかったら、この再会も写真も存在しなかったかもしれません。誰にも言えないつらさがあったからこそ、友人を想う気持ちが生まれたのだと思います。

このことをきっかけにボクは、「『つらさ』は、誰かの「支え」になることもあるんだ」「そして繋がりを生むんだ」ということがわかった気がします。

このことに気がついたボクは、高校卒業後に様々な「出会い」を経験するわけですが、次章では、そのことについてくわしく話していきます。

3

大学時代

―「つらさ」は，繋がりにもなる

◆大学を目指した理由

不登校を経て、なんとか高校に進んだものの、その先については何も考えていませんでした。そもそもボクは授業中にこっそりニンテンドーDSでポケモンをするような生徒で、勉強は二の次でした。更に高校二年時の「進路志望調査」では、第一志望に「女子大」を記入するありさまでした。それくらい、勉強も進路もマジメに考えることなんてありませんでした。

しかし高校二年生の一一月一日、進路について何も考えていなかったボクが変わりました。そのきっかけは、祖父が亡くなったことでした。

祖父はよく「夏休み、どこに行こうか?」と電話をくれて旅行に連れていってくれたり、誕生日祝いのカードを送ってくれたりと、優しくて孫思いの人でした。ボクが不登校になった時には「うちにおいで」と手を差し伸べてくれました。にも関わらずボクは、せっかく迎え入れてくれた祖父にひたすら暴言を吐いたり、物を投げて窓ガラスを割ったり、家出をしたりと、散々困らせてしまったのです。その時からずっと心の中に抱いていた「おじいちゃん、ごめんね」と「助けてくれて、本当にありがとうね」というひと言を伝えることができぬまま、祖父は突然この世を去りました。

そのことがどうしても悔しくて、悲しくて、自分なりにできる恩返しが何かと考えた時に思い浮かんだのが、「勉強も進路も全く真剣に考えていなかった自分だからこそ、次の道を真剣に考え、それに一心に打ち込むこと」でした。高校二年の時点で偏差値は四〇台前半でした。とにかく残り一年だけは本気で勉強して、その姿をあの世にいる祖父に見てもらえたらなと思いました。そしてまっすぐに受験勉強に打ち込みました。こんなに頑張ったことは、それまでの人生では一度もありませんでした。だからでしょうか、「全くやる気のなかった状態から、一歩を踏み出してチャレンジを決め、努力をした経験」は、後の自分をいろいろなところで支えてくれました。

◆世界は、思っていた以上に広かった

春を迎え、ボクは晴れて高校を卒業しました。そしていよいよ目指していた大学の入学式を迎えました。場所は都内でした。他県で育ってきたボクは東京に行く機会があまり無く、普段着慣れていないスーツを着て、ネクタイを締めて、そして肩にかけるのではなく片手で持つタイプのカバンを持って東京へ出発するのは、なんだか新鮮な気分でした。

入学式の会場である大学構内には、新入生たちがすでにたくさんいました。彼らが進む方向へ一緒について歩きながら「どんな人たちがいるのかな～」とボクは様子見をしていました。

歩くにつれて大きな声がたくさん聞こえてきました。いろいろなクラブやサークルが、新入生を勧誘するために声を出しているようでした。「君！　ぜひうちのサークルへ！」「ダンスをやるならこちらのサークルへ！」「アニメ研究会です～！」「サイ

クリング同好会です～！」とにぎやかな勧誘の声が響きます。

実にたくさんの種類のサークルやクラブがありました。バンド系サークルに、和太鼓サークル、映画研究会、マジック同好会……。更に進んでいくと、無人島でダイビングをするサークル、廃校でいろんな学校の学生が参加して文化祭を開くサークル、謎の「塩むすび同好会」、はたまた「サッカーでギャル男を倒すぞ」という想いで集結した真面目系学生たちによる「簿記二級ＦＣ」というサッカーチームもありました。

高校生の頃までは、自分のいる教室と家が世界の大半だと感じていたけれど、実はもっともっと世界は広いのだということに気づかされました。大学内に限らず、地域にもたくさんのサークルやコミュニティがあることに気がついたのも、この頃です。ちょっとした趣味や関心だけでも、「それ、俺も興味あるんだよね」「私も好きなんだよね、それ！」のような繋がりが生まれていくのです。

そんな中、自然と気が合う友人も見つかっていきました。そして仲良くなった友人たちと一緒にご飯に行き、遊びに行き、いろんな話をするようになりました。話すうちに、意外にもボクやみのるのように孤独を感じながら中学や高校時代を過ごしていた学生に出会うようになりました。

入学前ボクは大学という場所に対して、「きっと大学には、真面目で勉強のデキる優秀な人がたくさんいるんだろうな」というイメージを持っていました。少なくとも、ボクみたいに学校に行けなくて自分の全てが嫌になったり、人にはなかなか言えないような苦しかった経験がある人は、あんまりいないんだろうなあと思っていました。だから自分と似たような体験を聞いて「え、そんな経験がある人も、いるんだ……」と驚くことが何度もありました。

そして、たくさんの友人たちと時間を過ごす中で、それぞれに多種多様な「過去」があるということがわかってきました。

最初は仲良くなった友人たちと、「俺は◯◯県出身～」「私は高校の時、合唱やってて～」「あの頃は、部活きつかったな～」などあたりさわりのない話をしていましたが、話す機会が増え、気心も知れてくると、それまでとは違った話をするようになりました。

「実はオレ、兄弟が障がいを持ってて、それを同級生にからかわれてすごく腹が立ったことがあって……。」

「私は、母子家庭で父親がいなくて、生活が苦しかったけど周りに知られないように隠していた時期があって……。」

「実は高校の頃までずっと引きこもってて、今でもあの頃の自分とあんまり変わってなくて……。」

いつもこんな話をするわけではありません。普通に騒いだりふざけたりもします。でも、何かの拍子に、これまでに抱えてきたことや、今抱えていることを話すことがありました。それは一人一人違うけれど、その人なりのつらさや悲しさ、しんどさがありました。また、似たような経験があってもなくても、誰かが話し始めると、みんな真剣な表情になっていました。

それぞれの話を聞き合ううちに感じるようになったことがありました。それは「しんどかったことやつらかった経験って、何か、人と人を繋げるような力があるのかなあ」ということです。

当時まだ一〇代だったボクにとって、この感覚は新鮮というか、意外でした。そして、今まであまり聞かなかった同世代の人たちの経験や気持ちを、もっともっと聞いてみたくなりました。

◆ボクの経験も、話してみたらどうなるだろう……

大学二年生になってから、ボクは同級生や先輩たちに意識的に声をかけて、話を聞くようになりました。一番よく聞いたのは、これまで生きてきた中で特に苦しかった経験や、その時に感じたこと、そして今はそれをどう思っているかについてでした。

不思議と、聞けば聞くほど、その人との距離が近づいていくような感覚がありました。そしてある時、「自分の不登校の経験を話してみたら、相手はどんな反応をするんだろう?」と思いました。

「もしかしたら、自分の不登校という経験の中にも、何か人との繋がりを生むような力があるのかな?」

そうは言っても、正直怖さもありました。やっぱり、学校に行けなかったことや、あの時の感覚はトラウマのような感じにもなっていました。だから大学生になってからも、誰かに話すどころか、ひた隠しにしていました。

けれど他の人の経験を聞いているうちに、気づけば前のめりになって聞き入り、その一つ一つの話がボク自身の勇気になることもありました。

そこである時から、意を決して「学校でのつらかった経験」を話してみることにしました。ボクの中では黒歴史でしかなかったあの経験を話したら、相手はどんな反応をするのだろう……、ドキドキしました。

◆打ち明けた時の周りの反応

うまく言葉にはならないし、なんだか話しながら頭がごっちゃごちゃになる時もあったけれど、あの頃のことを少しずつ周囲に話すようになりました。

周りからどんな反応があったか。まず、年齢や立場に関わらず、どの人も真剣に話を聞いてくれました。先輩たちも真剣に聞いてくれたし、普段はおちゃらけている友人すらも、温かな表情で熱心に聞いてくれました。

それはきっと、聞いてくれた人にも苦しかった経験やもがいた経験があったからかもしれません。ただ、ボクは初め、不登校の経験はバカにされたり変な目で見られたりするんじゃないかと思い込んでいました。なので、熱心に耳を傾けて聞いてくれる人がいることを知ると、少し安心できるようになりました。

そしてその後、「もし、不登校経験のある学生たちや、学校の中で孤独を感じていた学生たちが何人も集まったとしたら、どんな話になっていくんだろう」と考えるようになりました。そもそも、不登校などの経験をしている人が、周りにどれくらいいるのかもわかりませんでした。ただ、そんな人たちが集まって一つの輪をつくり、お互いの経験を話してみたら、何か新たに生まれる繋がりや考えもあるんじゃないかな、という気がしました。

そこでボクは、自分と近い経験を持っている仲間たちを見つけに行こうと決めて、ある行動を起こしてみました。

◆仲間を見つけたい

「そもそも、何をどうすれば、近い経験を持っている人と出会えるのかなあ……。」最初の疑問が出てきました。そこでひとまず、できそうなことを地道に書き出してみました。

そして、「一日一人以上と、お互いのことを話してみる」ということから始めました。大学や高校の友だちと話したり、話し終えたらその人の友だちを紹介してもらったり。

他にも、不登校や引きこもり、教育などに関するテーマの講演会をネットで検索して実際に行くようにしました。ただ、行く目的は「仲間探し」だったので、講演を聞きながらもいろんなことを試してみました。

例えば、紺色や黒色の落ち着いた色のワイシャツを着て、目立つネクタイをつけて会場の最前列ど真ん中に陣どって、講演後に質問の時間がある時は、毎回(緊張しながらも……!)手を上げて質問をしました。とにかく、当事者である講演者に覚えてもらえるようにし、その後話す機会をつくろうとしました。また質問の時に「ボクは学校に行けない時期があって、そんな経験から今、何か活動を始めたいと思っていて」といったことを話すと、かなりの確率で誰かが声をかけに来てくれました。「さっき質問されていた方ですよね? 実は自分も、こんな経験があって……」みたいに。

「近い経験を持つ仲間を見つけたい」一心で、地道に行動を続けているうちに、住む場所も通う学校も違うけれど、似たような経験や思いを持つ仲間との出会いが生まれていきました。

◆高校生、専門学校生、大学生が集まった

初めに一緒にいろんな話をするようになったのは、ボクを含めた四人の大学生でした。学年も違えば、学校も住んでいる地域も違いましたが、それぞれが「学校」という世界での苦しい経験を持っていました。

そしてしょっちゅう四人で集まっては、「自分の学校ではこんなことがあって〜」とか、「私はこういう経験をして〜」といった話をしていました。

そうこうするうちに、その話し合いの輪の中に一人、また一人と人が増えていきました。最終的に、高校生から専門学校生、大学生など、一〇人以上の学生が集まるようになりました。

そしてみんなと話をしていく中で、「小学校、中学校、高校、いろんな場所で居づらさのようなものを感じていた人たちは、こんなにいたんだ」と実感しました。自分が一人ぼっちの時は、もう本当に孤独というか、孤立感がすごくて、どこにも味方や仲間がいないと思っていました。少なくともボクが不登校だった頃は、同じような気持ちを持っている人がこんなにいるとは想像もしていませんでした。この出会いを通じて、新たに生まれた考えがありました。

◆生き方も進み方も、たくさんある！

集まった学生たちで、教育や不登校がテーマの映画を見ることなどから活動を始めていきました。最初の活動で一番心に残っているのは、集まった一人一人でそれぞれの体験を夜明けまで語り合い、聞き合ったことです。

その時は、A3サイズの大きめの紙を用意して、紙の左側から「小学校の頃」「中学校の頃」「高校の頃」と順番に書き、みんなでそれぞれの頃に感じていたことや、周りには言えなかった気持ちを書き出してみました。

その紙をもとに、書いたことにまつわる体験を一人一人が自分のペースで話していきました。ただそれぞれが話す中で、その人なりのつらかったことやさみしかった経験を思い出して涙が溢《あふ》れたり、言葉が詰まったりしてしまう場面もありました。そんな時は、みんなで「無理はしなくてもいいからね」と声をかけ合いながらゆっくり聞き合っていきました。どの学生にも、気持ちをなかなかうまく話せなかったり、思いを伝えられなかったり、何も話したくなかったりした時期の経験があったおかげで、「ゆっくり聞き合う心構え」ができていました。

そして一一人全員の話をみんなで聞き終えた時には、なんとスタートしてから約一〇時間がたっていました。

一〇時間も人の話を前のめりになって聞く日が来るとは想像もしていませんでした。それだけ一人一人に本当に多様なストーリーがありました。学校に通わない生き方もあれば、専門学校という道、定時制高校という道、大学という道、そしてその道だからこそ生まれた出会いや体験を、一人一人が話してくれました。

こうして、多様な生き方や進み方を知れば知るほどに、「『不登校』という『不』のレッテルは、必要ないんじゃないかな……」と感じるようになりました。

みんなの話を聞いてみて、やっぱり一人一人の進む道や生き方はいろいろあって当然だし、学校だろうが、会社だろうが、子どもだろうが、大人だろうが、今いる場所に「合う合わない」はきっとあるはずです。

けれど、なぜか学校という世界の中では、そのたった一つの場所に合わないだけで「それは問題だ!」「この生徒には問題がある!」となってしまいがちなのです。

学校に合うならその道を歩めばいいし、学校に合わないなら他にも進める道が多様にあればいいのにと考えるようになりました。ボクはこの考えや思いをもとに、ある活動を始めることにしました。活動を行なうチーム名は、「十人十輝《じゅうにんといろ》」。学校でのつらさを経験した学生たちによる「挑戦」が始まりました。

◆チーム名は、十人十輝

「自分たちのつらかった経験や当時感じていた気持ちがあるからこそ、何かできることがあるんじゃないか」。こんな思いで、これまでに出会ってきた仲間たちとともに、今もどこかの学校で苦しさや孤独感を持つ生徒に向けて、何かできることをしよう、と活動を始めました。

ちなみに「十人十輝」というチーム名は、「十人いれば、十通りの輝きがあるよね」という思いを込めて、みんなでつけました。

初めから「こんなプロジェクトをやってみよう！」といったアイデアはなく、まずは「自分たちの苦しかった経験や当時の孤独な感覚を活かせること」は何かな、とみんなで話し合っていきました。そこで生まれた「当時のあの感覚が、こんな活動に繋がった」実際の例を話します。

例えば、話し合いの中で「高校の頃、大学や専門学校に興味を持って見学に行ってみたいなと思ったことはあった。でも、やっぱり人混みの場所はなかなか行きづらいし、周囲の視線も気になっちゃって……」という声が出てきました。その声をもとに「不登校経験などのある大学生による、オープンキャンパスツアー」という取り組みが生まれました。これは、大学などの見学に興味はあるけれど人混みの場所が苦手な高校生たちに、同じような感覚を持つ大学生が一緒について大学を案内するという企画です。一緒に歩く高校生たちのペースでゆっくり休みも取りながら、サークルを紹介したり、学食や大学の周りにあるご飯屋さんに行ったりしました。

十人十輝のメンバーと．右端が筆者

他にも、「自分たちが学校内や家で孤立したり悩んでる時、学校の中にある相談室みたいな場所に行くのって、気が重かったよね」「そうそう、相談室に入るところを他の生徒に見られたら、「あいつ、問題あるんじゃやね」みたいに思われそうだしね……」といった感覚をもとに生まれたのは、「不登校ご飯」という取り組みです。

ご飯を一緒に食べながら、自分の気持ちを話せる空間を作るのはどうだろう、と。もちろん、話したくない人は聞いているだけでいいし、誰もが無理に話すこともないし、ただ黙ってご飯を食べるだけでもいい。むしろそれくらい気楽に集まる場所があることって、大事なんじゃないかという気がしました。

また、テーブルを囲むのは学生同士だけでなく、元不登校の学生と今子どもが不登校で悩みがちな親という組み合わせも必要なんじゃないかと考えました。その考えが出てきたのも、ボクが不登校だった時に、自分の親がいろんな情報(学校以外の居場所や進学先など)を求めていた姿を見ていた経験があったおかげでした。

いずれにせよ、チームメンバーそれぞれに、学校内外での孤独や苦しさを抱えていた経験や、その感覚があったからこそ生まれた取り組みでした。

この他にも、「学校だけが世界の全てではなかったよなぁ」という感覚をもとに、学校での居づらさを経験した人たちの声や生き方についてまとめた雑誌づくりにも挑戦してみました（残念ながら、発行までにはいきつけなかったのですが……）。

また「心を休める時間は必要だし大切だけど、少しくらい授業を聞いといたらよかったかも」という感覚からも、ある取り組みが生まれました。それは、外に出ることはできないけれど学校の授業には追いついておきたい高校生たちに、遠隔で操作できるアプリのようなものを使って授業に参加できるようにする、といった内容でした（残念ながら、これも途中で挫折してしまいました）。

このように、実は「うまくいかないこと」もたくさんありました。また活動自体が停滞したり、チームとしてのモチベーションが下がることも何度もありました。ただ、それでもメンバー同士で明け方まで本気で議論し合うことはなくなりませんでした。

それだけ、一人一人の心の中に「学校で絶望しても、人生に絶望はしないでと伝えたい」といった思いがあったのです。

また、こうした活動を応援してくれる人もたくさんいました。同世代の学生たちに限らず、社会人の先輩や、地域のお父さんやお母さん、そして学校の先生なども応援してくれました。この「生徒が抱える孤独に寄り添う場づくり」「そのつらさを活かせる場づくり」を、世代や立場の違いを越えて様々な方が応援してくださったことには、ある大きな理由がありました。

◆日本の不登校生の人数

突然ですが、この本を読んでくださっている皆さんに質問です。

日本には、小学生、中学生、高校生を合わせてどれくらいの不登校生がいると思いますか？　その人数は、一八万二九七七人です(二〇一六年度調査、文部科学省)。小学生が三万一一五一人、中学生が一〇万三二四七人、高校生が四万八五七九人です。

これを少ないと思うか、多いと思うかは人によって違うと思いますが、ボクはこんなに多いのかとビックリしました。

不登校の理由はそれこそ人それぞれでしょう。実際には、全員が全員、何かに苦しんで学校に行けなくなっているわけではないと思います(学校以外の場所で学んでみたい！　という気持ちで、学校を休んでいる生徒もいるからです)。ただ、少なくとも一八万人以上の生徒たちは、今の学校に合っていない状況にあるといえます。

また、通学はしていても教室には入れず保健室や図書室に登校をしている生徒や、学校に通ってはいるけれど、実はしんどさがマックスだったり、一人で孤独を抱えていたりする生徒の数も合わせると、更に更にその人数は増えていくかもしれません。

このように、本当に多くの生徒たちがしんどさや孤独、つらさを抱えています。だからこそ、世代や立場に関係なく様々な人が「なんとか生徒たちに寄り添えないか」「なんとか支えてあげることはできないか」と思い、ボクたちの取り組みに共感してくれたり、応援してくれたりするのです。ちなみに、不登校生が一八万人いるということは、そこには「一八万通り」の気持ちや声があるのだと思います。

「君、不登校ってことは、こんなことを感じているんでしょ?」「こうなんでしょ?」と決めつけられるのは、ボク自身は嫌です。なので、学校での孤独を抱える生徒たちにとって本当に価値ある取り組みを行なうためには、もっともっと生徒一人一人の「実際の声」を聞いていくことが必要だと思うようになりました。

そこで、自分たちの感覚をもとにした十人十輝での活動をいったんやめて、まずはボク自身が各地域の子どもたちの「リアルな声や気持ち」を地道に聞いていくことにしました。

◆ボクが出会った生徒たちの声や気持ち

「そもそも、教室外の生徒たちの声は、どこで聞けるんだろうか?」

意気込んではみたものの、この疑問に直面しました。そこでまずは、「不登校」「居場所」「学校以外　場所」といったキーワードを検索してみました。そして表示された「フリースクール」や「親の会」などの場所に、片っ端から電話をかけていきました。とにかく現場の実際の声を聞きたい、という一心でしたが、同時に「急に知りもしない若者から電話がかかってきても、受け入れてくれる場所はあるだろうか？」という不安もありました。そんな気持ちを抱きながら、一つ一つの場所に電話をしました。

「初めまして！　ボクは大学生で、今、学校などでのつらさがある子どもたちに向けて活動をしているのですが……。」

「もっともっと現場の子どもたちの声、先生や親御さんの声も聞いてみたくて、もしよければ話を聞きに行かせてもらってよろしいでしょうか……！」

断られるかな、と思っていましたが、なんと多くの方々が喜んで受け入れてくださいました。そして様々な場所に行き、子どもたちや、子どもに接している先生、お父さんやお母さんなど、たくさんの方の話を聞かせてもらいました。中には、子どもたちとの遠足や、地域の子ども祭りに参加させてくださる方もいました。こうして、子どもたちと一緒に過ごす体験の機会もいただきました。そうした機会を通して出会った子どもたちの声を、いくつか紹介します。

Aさんの話。彼女は小学生の頃、大きなきっかけがあったわけではないけれど、人に会うことも生きることも何もかもが怖くなってしまって、学校に行くのがしんどいなあと小さいながらに思っていた、と話してくれました。

Bさんは、こう話してくれました。「私は、学校の先生に聞いてほしいことがあって。「私」の話を聞いてほしくて……。でも、忙しそうにしている先生に自分に向き合ってほしいなんて言うのは申し訳なくて……。本当は、先生に「クラス」としてひとまとめにされるのが嫌だった。」

Cくんは、いつも部活も勉強もめちゃめちゃ頑張っていた。だけどある時からその日々が突然苦しくなって、でも親や先生の目を感じると常に「頑張ってないとダメ」という気がして、更にしんどくなってしまい学校に行けなくなってしまった……。

Dくんは、学校に通わなくなった理由はそもそも自分でもよくわからなかった。けれど親が理由をしつこく聞いてくるから無理やり理由を作って答えると、その解決のために親が動き出してしまってより罪悪感に苦しんでしまった、と話してくれました。

Eさんは、クラスメートに突き飛ばされたり、物を取られたり、悪口を言われたりすることが当たり前で、「人間関係って、すっごくつらいものなんだな」「青春って、つらいことの積み重ねなんだな」と思っていた、と。

Fさんは、素直な自分を表に出すことができなくて、どうしても周りになじめず、いっつも自分を自分で隠して苦しんでいた、と話してくれました。

勇気を持って気持ちや思いを話してくれた彼ら彼女らは、それぞれ当時の学年も出会った場所も違います。けれど、一人一人の話を聞く中で、ボク自身「それ、なんかわかるわ」「そうだよね、ほんとそうだよね」と共感することが何度もありました。

一方で、驚くこともありました。それは、こういった声や気持ちを聞いて、「あの子は、そう感じてたんだね」「気づいてあげられなくて、ごめんね」と、涙を流す大人たちがいたことです。生徒たちが悩みや苦しさを抱え、それに気づいてほしくてS

OSを発信している一方で、多くのお父さんやお母さんたちは「どうすれば、うちの子の気持ちをわかってあげられるんだろう」と悩んでいました。

子どもは「伝えたい」、親は「わかってあげたい」と思っています。でも結局コミュニケーションがうまくいかなくて、場合によっては、親子で一緒に落ち込んでいってしまうことも多いのです。もし少しでもお互いの気持ちが伝わり合えば、それだけでも安心できるかもしれないのにと思いました。

「じゃあ、どうすれば、無理なく心地よくコミュニケーションを取れるようになるんだろう?」ボクの中にこんな疑問が出てきました。そしてまた生徒たちの話を聞き続ける中で、一つ、あるヒントを見つけました。「これに関する時は、子どもと大人の間で、よく会話が生まれているな!」というシーンがあったのです。

◆会話が生まれる一つの鍵

まず、子どもたちが会話を嫌がる、心を閉ざす時の共通点がありました。それは、「○○くん、学校どうするの？」といった話や、頭ごなしに「ちゃんと、○○した方がいいよ」といった話をされる時です。

一方で、自然と会話が生まれていくのは、「これ、おもしろいよねー」のように、生徒自身が興味や関心を持っていることに、一緒になって興味を持って話しかけてくれている時です。

それが心を開く、一つの鍵になっているとボクは感じました。例えば、アニメ、マンガ、音楽、本、ゲーム、スポーツ、アイドル、あるいは科学や宇宙といった話題など、生徒自身の好きなことや興味があることが会話のきっかけになって、話が弾み、笑みがこぼれる姿を多く見ました。

思い返せば、外出なんてしたくないと思っていたボクが家の外に出たのは「自分が好きなものがその場所にある」からでした。居場所で出会った相談員の鈴木さんとの会話がうまくいったのも、ボクの好きな野球について話をしてくれたからです。

もしボクが鈴木さんと出会った時に、いきなり「学校、どうするの？」という話から始められていたら、ボクは口も心も開かなかったと思います。ボクが行った子どもたちの居場所に、もし卓球場が無ければ、ボクにとってその場所は「親に無理やり連れていかれる嫌な場所」となり、次から行くことはなかったかもしれません。

ちなみに、好きなことや興味があることがあればそれだけでOKというわけではないと思います。そもそもそういったものが見つからない子もいるからです。一番大事なのは「あ、この人は、自分に向き合ってくれているんだな」と感じられることです。

ただそれにしても、なかなか話ができない子が無理なく話し始める上でも、傷ついて心を閉ざしている子が少しだけ前を向くにしても、寄り添う時の「入り口」にそういったものがあるとお互いの緊張もとけてくるように思います。

そこで、この気づきをもとに十人十輝の新たなプロジェクトを始めることにしました。鍵は、生徒にとっての「自分の好きなことなどに、興味を持って話をしてくれる人との出会い」。そしてプロジェクトのテーマは、「音楽好き不登校生×シンガーソングライター」。これが、ボクの人生に衝撃を与えるほどの出来事になりました。

◆音楽好き不登校生×シンガーソングライター

このプロジェクトの内容は、何度も何度も話し合う中で、次のようなものになりました。

①「音楽や歌うことに興味や関心がある&学校内外での息苦しさを持つ中学生もしくは高校生」と、「シンガーソングライター」のペアをつくる。

②音楽に関する話や、お互いの学校での生きづらさを少しずつ話してみる場をもうける。

③(もしその子がやってみたいと思えるなら)生徒の気持ちをもとに歌詞をつくり、一緒に曲を製作してみる。

とはいえ、運営メンバーもボク自身も、そもそも不登校だった頃はなかなか外に出ることができない時もあったし、一切誰にも会いたくない時もありました。なので、「生徒が苦しさを感じてしまうようだったら、プロジェクトは終わりにする」という前提のもと、準備を進めました。

そして大まかな計画ができ上がってから、まずは学校での息苦しさを抱える生徒の力になってくれる「シンガーソングライター」を探し始めました。

「そもそも、そんなシンガーさんって、いるのだろうか？」という疑問が出てきます。そこでまた、ネット上で検索をし、この人は、という人を見つけると、ライブにも足を運びました。そんな中、「しーちゃん」という二〇代のシンガーソングライターに出会いました。

彼女自身も、学校や家での生きづらさを持って活動をしていました。そして全国を飛び回りながら歌う中で「生きるのがつらい気持ちも、いつか力になるからね」というったメッセージを伝え続けていました。あらためてオファーをさせてもらい、活動の趣旨をお話ししたところ、しーちゃんは二つ返事でOKしてくれました。自身の活動だけでも忙しいはずなのに、「一緒に、企画を進めていこう！」と嬉しい言葉をいただきました。

さあいよいよ、あとは「参加生徒」の決定だけとなりました。が、これがなかなか簡単にはいきませんでした。

◆中学二年生の、まゆちゃん

運営メンバーの一人が、募集のためのウェブサイトを心を込めてつくってくれていました。そこにボクたちの思いや企画の説明などをのせて告知してみたのですが、何日たっても応募は「ゼロ」のままでした。

「そりゃ、いきなり応募するなんて難しいよなあ」と反省をしながら、フリースクールや子どもたちの居場所に行って相談をしました。そして生徒や先生に「興味や関心以外に、何があれば子どもたちは「これ、やってみよう」と思えるか」を聞いてみました。どんな試みであれ、どんな場所であれ、「そこに、自分が心を許せる人がいるかどうか」「安心できる何かがあるかどうか」が大切だと教えていただきました。

これらのアドバイスをもとに告知の仕方を工夫するなど、いろんなことを試してみました。けれど、それでも応募は「ゼロ」のまま……。そんな日が続いてへこみかけていた頃に、ついについに、手を上げてくれる人がいました。

名前は、まゆちゃん。中学二年生の女の子でした。彼女は、中学一年生の頃から、ある息苦しさを抱えていました。ある日の朝のこと、目を覚ましたものの、身体に力が入らず起き上がるのが難しくなってしまったのです。ひどい場合、椅子に座り続けることもできないくらい、体調が悪化してしまうこともあったそうです。後にこれが「起立性調節障害《きりつせいちょうせつしょうがい》」という病気で、血の流れや血圧が不安定で朝の起床や授業への集中が困難だとわかったそうです。

ただ、それまでは元気そのものだったので「なんで、身体が言うことを聞いてくれないの？」「ほんとはもっとこうしたいのに、ああしたいのに」というモヤモヤやイライラが重なっていきました。同じ頃クラスメートや近所の人たちからの視線もつらくなってしまい、学校を休むようになっていきました。

そんな背景をもったまゆちゃんでした。そのため親御さんからのサポートもいただきながら、このプロジェクトを進めていくことになりました。

そしていよいよ、音楽好き生徒のまゆちゃんとシンガーソングライターのしーちゃんとのチャレンジが始まりました。その初日から、想像もしていなかった光景を目の当たりにすることになります。

◆プロジェクト、初日

まゆちゃんは、初めて会った時、ほとんど目を合わせてくれませんでした。たいていよそ見をしているかうつむいているかで、少しボクたちの方に顔が向いても、こちらが目を合わせようとするとすかさず顔をそむけていました。

また、その日はしーちゃんからまゆちゃんへのインタビューも行なってみたのですが、最初はほとんど話してくれませんでした。長めの前髪で目を覆うような感じで、しーちゃんとも目が合うことはほぼありませんでした。そんな彼女の姿を見て、正直ボクは相当焦っていました。

「これ、この先、大丈夫かな？　目も合わせてくれないし、会話も生まれないし、しーちゃんも運営メンバーもボクも、めちゃめちゃ顔がひきつってるし……。」

そこで、無理に話すことはやめて、まずはみんなで近くをゆったり散歩することから始めました。そうしているうちに、しーちゃんとまゆちゃんの間に少しずつ会話が生まれていきました。その中で、「早速、カラオケに行ってみようか！」という話が出てきたのです。

ボクは「え、早くない?!」と驚きました。「まゆちゃん、まだまだ緊張しているかもしれないし、いろんなことに抵抗があるかもしれないし……」「まだあまり目も合わない状態で、いきなりカラオケって、どうなのかなあ……」と心配が次々浮かびます。

　けれど実際にカラオケルームに入ると、そこにはしーちゃん、運営メンバー、ボクの誰よりも、熱が溢れる姿で歌うまゆちゃんがいました。ついさっきまであまり目も合わず、口数も少なかったまゆちゃんが、曲をどんどん選んで、左手をそっと胸元に添えながら、たくさんの曲を歌っているんです。

　ただ、曲と曲の合間に少し話をしてみようとすると、目をそらして、やはりインタビューの時のまゆちゃんに戻っていくような感じがしました。

　ボクはハッとしました。

「そうか、「会話」ではなく「音楽」が、まゆちゃんにとってのコミュニケーションのツールなのかもしれない。」

　そのことに気がついたのです。

◆歌詞づくりの中で出てきた、まゆちゃんの言葉

カラオケを続けるうちに、緊張がとけて、人や場に慣れてきたのか、少しずつ少しずつ、まゆちゃん自身が好きな音楽やアーティスト、声優についての話をしてくれるようになりました。

和やかになったタイミングをみはからって、しーちゃんからまゆちゃんに「ねえねえ、もしまゆちゃんがよければ、歌詞、つくってみない？」と声をかけてみてもらいました。

彼女がどんな反応をするかドキドキしながら見ていると、ほとんど即答に近い感じでうなずいてくれました。

それはとても嬉しいことでしたが、一方で歌詞を書くなんて簡単にできることじゃないと思ったし、歌詞ができ上がるまで数週間くらいかかっても待とうという気持ちでいました。まゆちゃんにも「ゆっくり待ってるよ～」と伝えました。

そんな心積もりでいたところ、数週間どころか、一週間たつかたたないかのうちに、「歌詞としては完成されていないけど……」と言いながら、まゆちゃんは数曲分の歌詞をノートにびっしり書いて持ってきてくれたんです。歌詞の中には、まゆちゃんの心情を素直に映したようにも見える「心に穴があいたみたい」「逃げちゃやだめだって頭ではわかってるのに」といった言葉の数々が綴られていました。

それらが、まゆちゃんの本心や本音なのかどうかは、わかりません。ただ少なくとも、こんな言葉は会話の中では出てきませんでした。

どんな気持ちで書いてくれたのでしょうか。もしかしたら紙に書き起こすだけでも、相当の勇気が必要だったかもしれませんし、反対に、彼女の内面は言葉で溢れていて、それを外に出す機会を待っていたのかもしれません。

その歌詞や言葉をもとに、次はしーちゃんが曲をつくってくれて、少しずつ「歌」ができ上がっていきました。実はこの時点で、すでに初日のインタビューから数カ月がたっていました。そしてみんな「何とかここまでやってこれたね」という嬉しさとともに、「最後、音楽ライブ、開いてみるか！」という気持ちも芽生えてきていました。そして練習を何度も重ね、いよいよ音楽ライブ本番の日がやってきました。

◆ついに迎えた、本番の日

この日、会場に来てくださったお客さんは一五名ほどでした。こぢんまりとした規模でしたが、まゆちゃん、しーちゃん、ボクたち運営メンバーにとっては、大きな大きな舞台でした。

ライブの内容は、前半が「しーちゃんによるライブ」、後半が「まゆちゃん×しーちゃんによるライブ」でした。前半でしーちゃんが歌っている間、やはりまゆちゃんはソワソワしているように見えました。ボクも相当緊張していました。

そしてついに、まゆちゃんの出番がやってきました。しーちゃんによるギターの前奏が始まり、（何度も言葉を練り直し、何度も歌う練習を重ねた）まゆちゃんが歌うパートに差しかかりました。まゆちゃんは、最後まで堂々と歌い切りました。

まゆちゃんが歌詞に込めた思いや言葉を聞いて、温かな表情で涙を流すお客さんが何人かいらっしゃいました。もしかしたら、その人たち自身も心の中に孤独や葛藤を抱えていて、そこに何かが響いたのかもしれません。あるいは、まゆちゃんの言葉を直接聞けたこと自体に感動を覚えたのかもしれません。

ライブ終了後、まゆちゃんのお母さんが、まゆちゃん、しーちゃん、ボクの記念写真を撮ってくれました。その時まゆちゃんは、とっても自然な笑顔を見せてくれました。それだけではありません。お母さんも本当に嬉しそうでした。

◆ライブを終えて

音楽ライブの途中で、何人かのお客さんが感想を話してくれました。その中にはまゆちゃんを知っている親戚の方などもいました。皆さん、口々に「まゆちゃん、変わったねえ！」「前はもっとおとなしかったし、口数も少なかったのに、すごいねえ。変わったねえ」と、その変貌ぶりを喜んでいらっしゃいました。

誉め言葉と受け取りつつも、ボクの心の中には、その言葉に対する違和感がほんの少しですがありました。

「なんだろう、このモヤモヤは……。」

ライブを終えて、家に帰る道々、その理由を考え続けました。しばらくして、気がつきました。

「まゆちゃんは、きっと、何も変わってない。無口の時も、熱を込めて歌っている時も、自然な笑顔でいる時も、全部まゆちゃんだよな。」

「誰に出会うか、何をするか、どこに行くのかで、出てくるまゆちゃんが違ってくるだけなんじゃないか……。」

「だから、「変わった」わけではなく、今までその人が気づいてなかったまゆちゃんが「表れた」だけなんじゃないか！」

今まで「十人十色」や「十人十輝」をコンセプトに、十人いれば十通りの色や輝き方があるという思いのもとに、様々なチャレンジをしてきました。しかしこのライブでのまゆちゃんの姿を通して、ボクは別の考えに思いいたりました。

人って、「十人十色」や「十人十輝」だけじゃないのかもしれない。それどころか、「一人十色《ひとりといろ》」なのかもしれない、と。

周りに気づかれていないだけで、あるいは本人が気づいていないだけで、どんな子にもどんな人にも、実は「眠っている」素敵な一面があるんじゃないか。「不登校」という側面だけで見てしまうと、「困った子」に見えるかもしれない。でもどの子も、別の角度から光を当てたら、「個性豊かな子」だったり、「誰かの力」になれる子かもしれない、と。

◆こんな光景や場所を、日本中に広げたい

このプロジェクトを通してボクは、各地で孤独感やモヤモヤを抱える子どもたちが、その子の好きや興味を通して気持ちを発散、表現したり、自分にもできることがあるんだと気づける場所をつくることに、大きな価値があると感じました。

また、子どもが自然と前のめりになる姿や、自然な笑顔が、その子の親や周囲の人にとって大きな励みになることにも気づかされました。

まゆちゃんの場合は「音楽」でしたが、それ以外のものとの出会いからだって何かを生み出せるはずです。例えばアニメやマンガ、あるいは宇宙、鉄道、お笑い、芸術、スポーツのような分野や、科学、数学、歴史のような学問分野だって、きっと素敵な化学反応を起こすことができるはずです。

一見、親や教師など周囲の大人たちに心を閉ざしているように見える子どもたちでも、「自分の好きなことに、一緒に興味を持ってくれる人」に出会うことができれば、

その子にとって新しい可能性の扉を開くチャンスになるのではないか、そんな気がしました。

「学校に行けない」もしくは「行かない」だけで、レッテルを貼られ、自信をなくしてしまう子どもたちが、もし違った形で輝くことができるのなら、それはとても素敵なことです。まゆちゃんのライブで広がっていた光景がまさにそうでした。こんな出会いを、生涯を通して、日本各地でつくっていきたい。ボクの中に大きな夢が生まれた瞬間でした。

◆一九六カ国の若者たちと出会った日

ボクは大学生になって学生団体「十人十輝」を仲間とともに立ち上げてから、ずっと日本の「不登校」や「引きこもり」といったテーマに向き合って活動していました。その分野だけでも、本当に広く大きいものです。

一方で世界にはもっといろんなテーマや課題があります。例えば、「紛争」「貧困」「難民」「人種問題」「環境問題」など。

他の国でこういった状況の中にいる人たちや、そこにいる子どもたち、あるいは自分と同じ年齢くらいの若者たちは、それらの問題を前に何を考え、どんな風に向き合っているのだろうか。どんなことを感じ、何を求めて活動しているのだろうか、と考えるようになりました。

学校の授業でも取り上げられていたような記憶もありますが、あまり覚えていません。さっそくネットなどで「紛争」「貧困」「難民」などのキーワードを検索して、出てきた映像をいろいろと見てみました。「え、こんなこと、今でも起きてるの……?」と驚いてしまう映像がいくつもありました。

例えば、ボクなんかよりもっと小さい小学生くらいの子どもたちが、学校に行くお金もなく朝から晩まで強制的に働かされている映像がありました。難民キャンプで、うつろな目で座っている子どもたちの姿。毎朝何十キロもの道を歩いて学校に向かう姿。銃器をもって歩く少年兵の姿。

それらの映像は現実の一面を映しながらも、描かれていない別の事実や現実もたくさんあるはずです。日本での活動とどう結びつくかは未知数でしたが、いろいろな映像を見ているうちに、「この子たち、この若者たちの話を直接聞いてみたい」と思うようになりました。様々な国や人たちへの興味が湧いてきたのです。

不登校や引きこもりをテーマにしたこれまでの活動でも、現場に行って直接いろんな人たちの声を聞くことで見えてきたものがたくさんありました。まゆちゃんとのプロジェクトも、たくさんの子どもたちに出会って、関わり合う中で、その表情や反応を見たり声を聞いてきたからこそ企画できたものです。そもそも活動を立ち上げるきっかけになったのは、「出会」って、お互いの話を「聞き合」ってつくってきたものでした。

直接話を聞くことで気づくこともあるし、そこから生まれてくる活動がありました。ボクは、日本以外の若者たちの話も聞いてみたい！　と強く思うようになりました。

しかし実際のところ、どうすれば他の国の人たちと出会える機会をつくれるのか思い浮かびませんでした。海外旅行や留学、スタディーツアー……いろいろ浮かぶものの、「これだ！」というものがない中、たまたまFacebookの友だちの投稿を見ていて、目に飛び込んできた記事がありました。その記事には、こう書かれていました。

「今年も、一九六カ国の若者たちが、One Young World（ワン・ヤング・ワールド）に集まります！」

その一文だけでは何の活動なのか今ひとつ理解できませんでしたが、心の中の何かが反応し始める感覚がありました。ボクにとってとてつもなく大きな出会いが、そこにありそうな予感がしました。ボクはワクワクしながら、くわしい説明を読んでいきました。

One Young World(http://oneyoungworld-japan.com/about_us/about_us.html)は、一九六カ国の一〇代から二〇代の若者たちが、次世代リーダーの育成と国際交流を目的に一年に一度世界のどこか一カ所に集まるサミットのようなものでした。そこには、戦争や紛争を経験してきた若者、貧困問題に直面してきた若者、環境問題に取り組んでいる若者、そんな若者の力になりたいという思いを持つ若者などなど、各国でそれぞれの課題に向き合ってチャレンジをしているボクと同世代の人たちが参加してくるようでした。

読み始めると「一九六カ国から若者たちが集結します」「今年の開催国カナダへ、日本から参加する若者を募集しています」「日本事務局のこちらのウェブサイトから、ご応募ください」と続いていました。見るだけ見てみようと思い、応募ページをさっそく開いてみました。

◆国際人ではなく、元引きこもり

応募ページの冒頭には、「自分がいるコミュニティや、社会をより良くしていくためには、どんな行動が大切だと思いますか？」という質問がありました。

試すだけ試してみようと思い、ボクは中学での不登校や引きこもりの経験、その経験から生まれた出会いや活動などについて書いてみました。

すると数日後、「面接にお越しください」というメールが届きました。「お、今までの経験が活きたのかな」と思い、少し嬉しくなりました。

しかし面接会場に到着すると、ボクはおおいに焦り始めました。会場にはすでに数名の高校生や大学生がいたのですが、そこでは「アメリカから帰ってきました」「フランスに留学してました」といった話が飛び交っていて、外国語も流暢で、いろいろな体験を海外でしてきました的な空気が流れていました。ボクは留学経験もなければ海外暮らしをしたこともありません。そもそも自分の部屋から出られない日もあって、出てからずっと向き合っていたのは「日本の不登校」というテーマだし……というわけで、せっかくのやる気もしぼんでいきそうでした。「やっぱり、世界の若者たちが集まる場所に行くような人は、海外経験が豊富じゃないと厳しいのかなあ」と思い、わずかな自信もぐらつき始めました。

面接まであと五分と迫った時、「急に留学経験者にはなれないしなぁ。それにボクはボクなりにやってきたんだし、応募ページに書いた通り、不登校で苦しんだ経験、それが力になった経験を素直に話していこう」と気持ちを切り替えました。

面接は、数名ごとにグループになり、そこで渡されたお題をもとにそれぞれが思っていることを話し合う、といった内容でした。同じグループには高校生もいたし、地域でボランティア活動をしている大学生もいれば、フランスに留学していたザ・イケメンな若者もいました。

その話し合いの中で、ボクは「学校という世界や集団になかなか当てはまれなかった自分だからこそ、似た状況にある子どもたちがもっといろんな人に出会える居場所、安心し、輝ける居場所を持てるようにしていきたい」という思いを話しました。そして、あっという間に時間がたって、面接は終了しました。

◆「不登校」と「世界」に何の関わりが？

面接が終わって一週間たっても連絡が来ませんでした。なかなか来ない連絡に焦りと不安がマックスになっていきます。「これは、面接、落ちたのかな……」「やっぱ、もっと海外経験がある方が良かったのかもしれない」。いろいろな考えが頭に浮かんでは消えていきます。そんな悶々としている時に、やっとスマホに通知が来ました。

メールのタイトルは「面接結果」です。たった四文字だけど、見るだけでドキッと緊張しました。なんだか怖くてすぐにはメールを開くことができず、でも気になって仕方なくて、勇気を振り絞って開いてみると、「あなたを、カナダへ派遣することが決定しました」とありました。

この一文を見た瞬間、「よっっっしゃ!!!」とガッツポーズをして、思わずちょっとだけ飛び跳ねました。

嬉しさが落ち着くと、疑問が浮かんできました。日本の中で不登校というテーマに向き合い続けてきたボクが、なぜ世界の若者が集まる場所へ派遣されるメンバーの一人に選んでもらえたのだろうと。「世界」ではなく「不登校」に向き合っていたわけだし……。その理由が気になっていたところ、後日、面接などを担当されていた事務局の方が、説明してくださいました。

「君が不登校で悩んでいた経験や、そういった孤独な時の痛みを知ったこと、そしてその孤独をどうにかしたいと思っている気持ち。それが今、世界から求められていることなんだよ。」

わかるようで、わからないというのが、正直なところでした。この言葉が意味することは、一体どういうことなのか。それは、One Young World に実際に参加し、世界の若者たちと出会う中で、だんだんと理解していくことになりました。

◆目にした光景

二〇一六年九月末、羽田空港に日本から派遣される若者たちが集まり、その年の開催地であるカナダのオタワへ向かいました。

飛行機の中では、ドキドキ、ワクワク、緊張など、なんだかいろんな感覚が溢れてきました。また他のメンバーと話すことで、更にその度合いが高まってきました。

面接会場で出会ったフランスに留学していたイケメンも派遣メンバーの一員で、開催地へ向かう中でいろんな話をしました。彼はその時「映画づくりに関心を持っていて、映画や映像を通して世界で何かできることはないか、探しに行きたい」と話していました。彼以外のメンバーも、教育や経済などいろんなテーマや分野に関心を持つ人、具体的に何かをやりたいと考えている人が集まって、それぞれの熱意や好奇心も半端ではない印象でした。

一〇時間以上のフライトを経て、ようやくオタワへ到着しました。その日は宿泊先で、長時間にわたって飛行機に乗った疲れや時差ボケの起きている身体を休めました。

そして翌日からついにOne Young Worldが始まりました。

世界各国から集まった若者たち

広くて大きな会場に足を踏み入れると、そこには一〇〇〇人以上の若者たちが集まってきていました。そして会場の中を歩きながら周りを見渡すと、アフリカのカラフルな民族衣装を着た人たち、伝統衣装を身にまとう大勢のタイ人グループ、スーツそのものがアメリカ国旗のデザインになっていてどこから見ても目立つ若者たち、ヒジャブを頭に巻いた中東の女性たちなど、今まで見たこともないくらいバラエティに富んだ国の人たちが集まっていました(ボクが初めて参加した二〇一六年度は、映画『ハリー・ポッター』シリーズや『美女と野獣』などでも有名なエマ・ワトソンさんも、世界の課題に向き合い活動する若者の一人として参加していました)。

会場の中を歩きながら、すれ違う人たちに「どこから来たの?」と聞いていきました。すると、「ガーナから来たよ~」「モンゴルから来たよ~」「アルゼンチンから!」「エジプト!」「パレスチナからだよ~」「イギリス! 君は、来たことある!?」など、いろんな答えが返ってきました。

そして「国」だけでなく、「職業や立場」も多様でした。一〇代の高校生もいれば、大学生や会社員もいるし、スポーツをしている人、音楽の仕事をしている人、教師、作家、起業家、科学者など、実に多彩でした。

ここで、ボクの英語力について一つ白状します。

ボクは中学時代に一年半学校を休んでいたこともあって、基礎が完全に抜けていました。高校の定期テストでは赤点ギリギリの時もあり、どちらかというと英語はあまり得意ではありませんでした。大学受験の際、英語は相当勉強しましたが、それでも会話ができるかどうかはまた別の話です。

ただ、「英語が話せるようになったらかっこいいなあ」とか、「海外の映画を、英語のまま理解できたらいいのになあ」とか、「英語でギャグを言って海外の人を笑わせてみたいなあ」といった、英語を通してできることへの好奇心がすごくありました。こういった、英語の先にある「好きや興味」を見つけることは、苦手な英会話を学ぶ上で自分の原動力になりました。

会場で記念撮影．中央が筆者

One Young World という場所でも、英語がペラペラな人との会話ではあまり理解し切れないこともありました。けれど、会話の相手は教科書ではなく人間なので、ボクがあまり早い英語がわからないと気づいてくれると、相手はゆっくり話してくれることもあるし、身振り手振りを交えながら話すことで理解し合えることもありました。

そんな、身振り手振りも交えての会話で聞くことのできた、スーダン人のハサン、アゼルバイジャン人のアイスンの話をします。二人とも、ボクには想像もできない現実を生き抜き、希望ある未来をつくるためにこの場に来ていました。

◆国から逃れてきた、二二歳のスーダン人

写真の彼は東アフリカに位置するスーダンから来たハサン。オタワの会場で出会い、仲良くなりました。彼は人を笑わせるのが好きで、よくギャグを言ったりふざけたりするようなお茶目な人でした。

そして一緒に会話をしていると、彼が「一九九四年生まれ」だということを知りました。これには、少し気分が上がりました。ボクも同じく、一九九四年生まれだからです。

スーダン人のハサン(左)と筆者

「ハサン! ボクも同じだよ!! 同じ、一九九四年生まれ!!!」

するとハサンも、「えー!! 一緒じゃん!」といった様子で盛り上がっていました(英語を全て聞き取れたわけじゃなかったけれど、そんな感じでハサンも少しテンションが上がっていました)。

ボクは、続けて「ちなみに、誕生日はいつ?」と聞いてみました。

全然違う国の人だけれど、同じ年に生まれたと聞いてなんだか嬉しかったし、誕生日も近かったらすごいなあと少しウキウキしながら聞いてみました。

けれど次に彼が言った言葉を、ボクはうまく理解できませんでした。言葉はわかったのですが、意味がよくわかりませんでした。彼は、こう言いました。

「わからないんだ(I don't know.)。」

「誕生日がわからないって、どういうこと?」

気になったので、理由をハサンに聞いてみました。すると、彼はこう答えました。

「俺の国では、今も戦争が続いているんだ。俺が生まれた町の全てが爆撃で破壊されて、親も殺されたんだ。だから、誕生日は、わからない。」

その時ボクは二二歳。これは、同い年の、二二歳の若者の話。彼の話を聞いて、言葉では表せないほどの、いろんな感情が込み上げてきました。

距離は離れているにせよ同時代の世界の中で暮らしている同い年の若者が、こんな経験をしているのか……。そんなことを思っていると、先ほどまでギャグを言ったりケラケラ笑ったりしていた彼は、「これが、その証拠だよ」と言っておもむろに上着をめくりました。

　すると彼の身体には、銃で撃たれたような、刺されたような傷がいくつもありました。彼は内戦に巻き込まれて、命がけで国を逃れ、カナダへ難民として亡命してきたのです。彼自身は助かったけれど、父親は殺され、兄弟は誘拐され、彼は今、一人で暮らしていました。

　お茶目で明るい彼は、今でもスーダンの国の中で紛争から何とか逃れながら生活をしている家族や友人、命を失ってしまった親や友人の話になると、本当につらそうな表情をしていました。

「俺は、俺と同じように苦しい状況にある人たちのために、何とか力になりたいんだ。今も苦しんでいる自分の国の人たちの支えにもなっていきたいんだ。」

　と、彼は真剣な眼差しで話してくれました。

　その話を聞いてから、ボク自身の話もしました。学校や家でボクなりの孤独感や絶望感に苦しんでいたこと、当時一二歳でその感覚に耐えられず、生きることを諦めようとしてしまったこと……。ボクの話をすると、彼は温かな表情で最後まで真剣に話を聞いてくれました。そして何も言わず、優しくハグをしてくれました。

何もかもが違う彼とボクだったけれど、いろいろ話したあとには何か温かな気持ちが二人の間に流れていました。彼は今でも連絡を取り励まし合う大切な友人です。

◆強制結婚に反対する、アゼルバイジャン人

写真の女性は、アゼルバイジャン人のアイスンです。彼女の生まれ育ったアゼルバイジャンは、カスピ海に面した小さな国です。彼女は、ボクより一つ年上のとても穏やかな人で、全身から優しい雰囲気がただよっていて、彼女がいるだけで場の空気がなごむ、そんな女性でした。彼女には、翌年の開催地、コロンビアのボゴタで出会いました。

彼女は、身体に大きな「タトゥー」を入れていました。海外ではタトゥーを入れて

いる人も多いですが、当時のボクにとってタトゥーは、少しばかり「怖いとか強い」印象もありました。なので、こんなに温かくて穏やかな彼女が、なぜ大きなタトゥーを入れているのかが気になりました。すると彼女は、その理由を話してくれました。

「このタトゥーにはね、私なりの思いを込めているの。」

アイスン(左)と筆者(中央)

「まず、アゼルバイジャンという国の中でも私の住んでいる地域では、女性は一八歳くらいになると望んでもいないのに結婚しなくてはいけないの。そして、結婚したら一カ月以内に妊娠しないといけないの。もし妊娠できなかったら、健康に問題のある女性だと見なされて、離婚させられたりする。そして離婚させられることは、私だけでなく家族や村にとっての恥にもなるから、絶対に結婚しなくてはいけないし、一カ月以内に妊娠しなくてはいけない。」

「そしてね、地域によって違うけれど、私のいた地域の女性は、自分が着る服を選べないの。自分の髪型も、自分で決めてはいけない。それは全て、夫が決めるもの。女性は、夫や村の所有物なの。」

「でもね、私は一八歳になっても、もっと行ってみたい場所があった。もっとやってみたいことだってあった。もっと学びたいことも経験したいこともあった。なのに、一八歳で強制的に妊娠させられて、自分の人生が誰かのものになるなんて絶対におかしいって思った。だから、「私の身体も、私の人生も、私のものだ」ってメッセージを込めて、このタトゥーを入れているの。」

彼女のこの話を聞いて、これが同世代の二三歳の話なのかと思うと、衝撃でした。無理やり結婚させられるだけでなく、「妊娠」まで強制されたり、着る服や髪型すら自分で決めてはいけないなんて、ボクは驚きのあまり言葉も出ませんでした。

彼女は力強く思いを込めてその話をしてくれましたが、やっぱり一八歳の当時はその思いを言葉にすることは難しく、そもそも言葉にすることすら「タブーや禁止」とされていて、そんな状況の中で孤独や絶望に苦しんでいたそうでした。そして地域どころか家族にも理解してもらえず、結婚と妊娠を強制されそうになり、人生を諦めようと一人で泣き続けたこともあったそうです。

彼女の話を聞き終わったあと、ボクは彼女にも、ボク自身の経験や思いを話しました。やっぱり彼女も、温かな表情でボクの話を聞き続けてくれました。何度もウンウンとうなずいては、「それはつらいよね」「そういう時って、本当に孤独だよね」と、共感してくれました。

ボクが数年前、初めて自分の不登校の経験をみのるに電話越しに話した時、そして学生たちで集まって一〇時間くらいかけてお互いの話を聞き続けた時、そんな時に広がっていた空気感や、芽生えていた繋がりのようなものが、このアゼルバイジャンから来たアイスンという友人との間にも生まれていました。

スーダンという国にもアゼルバイジャンという国にも、行ったことはなかったし、そこに住む人に出会ったこともありませんでした。というかそもそも、その国の名前を聞くこともあまり無かったし、聞いたとしても正直どこか別の世界のことのようにも感じていました。

けれど、国も文化も人種も何もかもが違うのに、スーダンのハサンとも、アゼルバイジャンのアイスンとも、なぜかお互いに共感し合い、お互いのつらさをいたわり合い、そしてお互いの中に温かい繋がりが生まれていました。

◆世界の若者たちに共通していたこと

この催しに集まっている全ての若者が、戦争などの苦しい経験を持っているわけではありません。ずっとスポーツに打ち込んでいましたという若者もいれば、最近世界の問題に関心を持ち始めたんだという若者もいれば、日々会社で広告の仕事をしている若者もいました。

そもそも国も違うし、生活環境も違うし、価値観も違うし、宗教も違います。それぞれの国で起きている問題も違えば、抱えている課題も違います。けれど、それだけ違うのに、多くの人たちに共通していることがありました。

それは、一人一人が抱える「つらさ」という感覚を分かち合い、「それをどうにかしたい」という思いでした。

ひと口に「つらさ」といってもその中には、いろいろあります。例えば、紛争や戦争、事故、病気などで大切な人を亡くす心の痛み。難民生活や失業、貧困、一人親家庭などに関わる生活の苦しさ。少数民族であることや、性の多様性の当事者であること、集団や組織に自分だけが当てはまれないことへの偏見による孤独やさみしさ。

「つらさ」の中身や、それらが生じる背景は違うけれど、「つらさ」は誰もがもっている世界共通の感情なのです。そうした感情を抱いて生きる人たちのために、何かできることはないか、そもそもその「つらさ」のもとになる状況をどうしたら変えられるのか、そうした前向きな思いを、この場に集まる多くの人が共通してもっていました。

一九六カ国の若者たちが集まるOne Young Worldに参加する前までは、他国に住む人たちとの共通点もなければ、身近に感じる機会もそう多くありませんでした。そのため、初めて参加したオタワの会場では国際色が豊かで、にぎやかなお祭りのように感じ、「おおっ！」「すごいなあ」「世界って、広いんだなあ」のような「驚き」ばかりが先に立ちました。

しかし、スーダンのハサンや、アゼルバイジャンのアイスン、それ以外の若者たちにも話を聞くうちに、ボクも自分には何ができるのかをあらためて考えるようになりました。

それと同時に、一人一人と繋がっていく手ごたえも感じ始めていました。向き合う問題も、抱える状況も、乗り越えていく方法もたぶん違うけれど、それぞれの場所で、自分なりにやっていこうぜ、と励まし合える仲間ができたと思いました。

One Young Worldで世界各国の若者たちと出会い、対話する中で、

「困難やつらさは、世界中にあるけれど、それが人と人を繋げてもいくし、勇気や元気にも、そして次の一歩になっていく！」

それをおおいに感じ取りました。

「不登校や引きこもり」の経験が、ボクにこんなチャンスや出会いをくれるなんて、思ってもみませんでした。

4

今，そしてこれから

―24歳，ボクの道

◆二四歳、ボクの今

これまでの経験、そして活動を経て、ボクはより一層「一人一人のつらさが力に変わっていく社会」をつくっていきたいと思うようになりました。もちろん、様々な困難はありますが、実現に向けて、現在、じっくりと取り組んでいる最中です。

その一歩として日本各地の中学校や高校で、生徒の皆さんに向けて講演をさせていただき、ボクの体験を語っています。また、様々な学校や地域で、お父さんやお母さんに向けて、「学校内外での子どもなりのつらさや気持ち」を言葉にして届ける活動も行なっています。

右の文章を読んで、

「あれ、大学に行ったのに、就職しなかったのかな？」

「せっかく学校に戻ったのに、どうしてフリーで仕事をやっているんだろう？」

そう思われた方もいらっしゃると思います。

この章では、現在ボクがどんな活動をしているのか、そこに至る前の就職活動の段階でどんな不安や迷いを経て、この道を選んだのか、そしてこれから行なおうとしている挑戦について書いていきます。

◆就活顛末記

多くの出会いや体験を経て人生の目標、そして夢ができ始めたボクには、大きな悩みが浮上しました。「就職活動」です。高校生の頃は進学のことは頭になかったものの、仕事のことはうっすらと考えていました。

大学生になってからは、もっと真剣に就職について考えていました。その時期になるとキャンパス内をリクルートスーツを着て歩く先輩たちや、就職のための講座もたくさんアナウンスされていたので、一年生の頃から就職活動を意識させられる機会は何度もありました。そのため自然と「まだ先のことだけど、その時が来たらしっかり考えて決めないといけないよなあ」という感覚もありました。ただ、いざ進む道を決断する時が来ると、焦りの度合いが大きく変わりました。

でも多くの学生は、「その時」が来て決めるのではなく、その前に未来のイメージをある程度かためて行動を開始するのです。

あおられるようにボクも、就職説明会に足を運び、何十社も調べてエントリーシートを書いて送り、企業の試験や面接を受けました。

その後に「お祈りメール」(不合格通知のこと。メールの文末に「貴殿の今後のご活躍をお祈り申し上げます」と書かれることが多いことから来た呼び名)が来ると、なんだか「お前は無能だ」と言われているような気がしました。

就職は、これからの人生におおいに関わるし、自分の家族にも、いつかできるかもしれない未来の家族にも関わるかもしれないわけだし、と思うと焦りも募ります。

しかしその一方でボクは、みんなと同じ波に乗ってどこかの企業に就職することに違和感をもっていました。それでも就職活動に真剣に取り組んだのは、「どんな経験も全て自分の力になるだろうし、就職活動の中でたくさん悩んで考えてみる経験から、見えてくることもあるかもしれない」と思ったからです。

なんだか他人事のような言い方ですが、将来をどうするかについて、なかなか考えがまとまらなかったのです。そんな就職活動の中で見えてきたのが「不安」でした。

その時に感じた「不安」は次のようなものでした。

「そもそも世の中には、どんな会社があるんだろう。」

「どんな仕事があるんだろう。っていうか、自分にできる仕事って、なんだろう?」

「不登校や孤独問題に向き合い続けてきた経験って、求められる場所とか会社とか、あるか?」

「そもそも自分は、企業でちゃんとやっていけるのか……?」

などです。

「そんなのはエントリーシートを書く前、そもそも就活に入る前に考えておくことだろう」とどこからか、叱責が飛んできそうです。

心配性な性格もあって、ちょっと大きく考えすぎなのかもしれないけれど、「社会に出てから進む道」の選択は本当に悩みました。どうしてそんなに悩むことになったかというと、「一人一人のつらさが力に変わっていく社会」をつくりたい、という目標、そして夢を、仕事を通じて実現させていきたいという気持ちもボクの中に強くあったからです。そのため、内定を数社からいただいた後も、進む道については悩み続けました。というのも具体的にそれがどんな仕事なのかがボクにはなかなか想像がつかなかったのです。現実と夢の間でもがく日々でした。

夢は夢、仕事は仕事とする人もいるでしょうし、ボクのように迷う人もいるでしょう。いずれにしてもスパッと決められる人も中にはいるでしょうが、ボクはそういうタイプではないということを、遅まきながら就活中に気がついたのでした。

不安を解消するために、また実現したい未来への道を探るために、必死で企業や仕事について調べました。調べているだけではわからないと考え、次は、小さな会社から大きな会社まで、業界を問わず様々な会社の説明会にも行きました。インターンにも行ってみました。また、「これからの時代で、どんな人が社会で求められるのか」みたいなテーマの講演会にも行き、本も読みました。「そもそも社会ってなんだ」というところから考えたりもしました。そんな風にしていろいろ考え調べてみても、「いやーーー、わからんなあ」という状態で、ボクの行きたい道が簡単に決まることはありませんでした。

そこで企業探しはやめて、そもそも「ボク自身が興味を持てる仕事」って何だろうと考え始めました。ネットで「職業一覧」というワードを検索してみました。すると五〇〇種類以上の仕事が出てきたので、片っ端からそれらの仕事内容を見ていきました。

その時のメモが今も残っているのですが、ボクが興味を持った仕事は「キャリアカウンセラー」「人事・採用」「旅行プランナー」「映画監督」「脚本家」「特別支援学校の先生」でした。

その理由を考えてみると、それぞれの仕事に共通する点がいくつかありました。それは、「人それぞれの持ち味や才能を、活かしていける場をつくれる仕事」「周りも本人も気づいていないだけで実はその人が秘めている力や持ち味を「見える化」して、社会に広く伝えられる仕事」「その見える化された力や持ち味を、どこかで困っている人を支えることに繋げていける仕事」「人が、我を忘れて何かを楽しんでいる姿を見ることができる仕事」などです。

こうして書き出してみると、自分が人と関わる仕事がしたいということ、関わることでその人の魅力を引き出すお手伝いをしていきたいこと、また誰もが生きやすい居場所をつくっていきたいことがあらためてはっきりとしてきました。

中でも特に、「学校に合わず苦しい状態にある子」や「その親」に向けての仕事をしたいと思いました。ただ、そんな仕事って、どこにあるのかなあという疑問が出てきました。

具体的なイメージがなかなか思い浮かびませんでした。

◆心に引っかかったひと言

次に仕事内容だけでなく、仕事を通してどんな未来を実現したいのかを書き出してみました。

出てきたのは「学校の内外で苦しさを抱える子が、ひと休みできる場所を見つけられる未来」「子どもだけでなく親もイキイキできる未来」「どんな子や人でも興味のあることなどを通して、様々な人や場所に出会えて、実際にいろんな作品や進路をつくっていける未来」の三つでした。

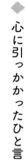

なんとなく方向性は見えてきましたが、では具体的にどんな会社や仕事だったらそれが実現できるのかは、自分で考えているだけでは結局わかりませんでした。

そこでいったん「二一年の人生じゃ、そりゃ、わからんこともあるよな！」と開き直ることにし、もっと経験値が高い社会人の先輩や、親世代、祖父母世代の人たちに、ボクの疑問を率直にぶつけてみることにしました。これまで知り合った人たちにどんどん会いに行き、話をしました。そうしていろいろなアドバイスをもらう中で、ボクの中の何かが強く反応した瞬間がありました。

それはある人が言ったひと言でした。

「「不登校や引きこもり」という分野に、仕事として向き合っている「若者」って、あんまりいないよね。」

◆この道を選んだ最後の決め手

ボクの周りでは、学生時代にはいろいろな活動をしていたけれど、卒業が近づくと、活動を離れ就職する、という流れが一般的でした。仕事に慣れたところで、ボランティアとして関わる人もいましたが、活動と仕事が重なるケースはほとんどありませんでした。

そこで、なぜ就職を選んだのか、かつて一緒に活動していたメンバーなどを中心に聞いてみました。すると、こんな言葉が返ってきました。

「まあ、そういうテーマとか課題を何とかしたいって思いはあるんだけどさ。でもそんな思いが結びつく仕事はそうそうないし、実際、思いを仕事にした先輩とか事例とか、あんまり聞いたことも見たこともないし、ね。だからまずは、就職してって思うじゃやん。」

それを聞いて、ボクも共感する部分はありました。「たしかに、ロールモデルや前例が全くないと、不安な気持ちも出てくるよな。だいたい食べていけるのか、とか思うのは当然だし」と考える自分もいたからです。けれど、思いはあっても、ロールモデルが全くない、先が見通せないという理由で、一時的であっても活動を休止してしまう現実に、なぜか悔しさも感じました。

もちろん、人の数だけいろんな考え方や、いろんな道があります。「この道が絶対！」ということはないと思います。せっかく大学に入ったのだし、とか、親はボクの就職を楽しみにしているかもしれないし、とかいろいろな考えが浮かんでは消えていきました。いつまでたっても決められず、逡巡が続きました。

一方で、こんなことも考えました。この先、今は小学生、中学生、高校生の人たちの中から、もしかしたら将来社会に出る時に「自分は、学校に合わずもがいている生徒が安心できる場所をつくりたい」とか「私は、子どもたちが自分に合ったペースで学んでいける場所をつくりたい」とか「僕は、「自分なんて」と思っている子どもたちが、本当は秘めている力や才能を形にしていける社会をつくりたい」といった思いを持つ若者が、現れてくるかもしれません。

そしてその思いは、最初はどれだけ小さくても、今もまさに日本のどこかで孤独を感じている子や親にとって、そして日本の未来にとっても、本当に大きな支えになっていくはずです。

でも、そんな大切な「思い」を、「その道を進んでいった先輩とかいないし、なんだか不安だし」という理由で断ち切ってしまっていいのだろうか……。

どれくらい悩んだか、もう覚えていませんが、ボクは、「ボクの人生」を「次世代の若者たちが一歩を踏み出していく一つのきっかけ」にしてほしい、そんな思いも持ちつつ自分の進む道を決断しました。

内定先で働く道も最後まで真剣に考えましたが、特定の会社に入ったりなどするのではなく、自分が目指す未来の実現に向けて、まずはできることをやろう、ありとあらゆる活動を地道に試してみよう、と考えました。その挑戦が、次の世代の進む道や選択肢の幅を広げるかもしれないし、きっとボク自身のチカラにもなるはずだと考え、道標もロールモデルもない道だけど、やってみようと決めました。そして大学時代の活動(十人十輝《じゅうにんといろ》)を通じて知り合った方たちとともに家族支援を行なう任意団体「ファミリー・テラス」を立ち上げました。同時に、個人でも活動を開始しました。

そんな意気込みだったのですが、現実はそう甘くはありませんでした。

ボクは生活費を稼ぐために、宅配便の会社で朝六時五〇分から荷物の仕分けをするアルバイトを始めました。この仕分けの仕方がなかなか覚えられず、「ああ、今日も朝から職場に迷惑をかけている……」とへこむこともしょっちゅうでした。最後は手早くできるように仕分けのコツを必死で覚えました。

他にも、朝から晩までひたすら営業電話をかけたり、数千社に営業メールを送る仕事をしたり、商品販売のためのキャッチコピーをつくり広告運用をする仕事もしました。どれもすぐには結果が出ず、一方で就職先で活躍する同級生と自分を比較して無性に不安になったり、比較していること自体に情けなくなることもありました。ただ喝を入れてくださる先輩やともに活動する方々の存在もあって、がむしゃらに、そして生活するために多様な仕事にチャレンジしました。どれもが、今の仕事に直接役立つわけではありませんが、しかし体験は全てボクの栄養にはなっています。

◆学校で

学校などからの依頼を受けて、現在ボクは、中学校や高校を回って講演をしたり、子どもが苦しい状況にある親御さんたちに向けて講座や講演会を開いたり、中高生たちと「教室内での居づらさ」を研究する取り組み、更には、生きづらさをテーマにしたイベントを開催したりしています。

講演会では、特に一〇代の人たちを対象にした時は、ボク自身の一〇代の頃の本音や気持ちをその時に感じていたボクの正直な言葉で話すことから始めています。

それが、生徒たちが話を真剣な表情で聞いてくれる大きな理由なのかもしれません。

講演では、これまで北海道・青森県・富山県・長野県・福井県・山梨県・埼玉県・千葉県・東京都・三重県などの中学校や高校に呼んでもらいました。

講演で話していることは、主に次のような内容です。

①引きこもって自分に絶望していたボクが、どう一歩一歩進んできたのか。

②勉強嫌いだった自分が、具体的にどう受験勉強をしたのか。
③仕分け・営業・広告など様々な仕事にトライしたからこそ思う、進路選びで大切なこと。

引きこもりや勉強嫌いの過去、進路に悩んだ経験、そして仕事のことなどを話します。幅広く話すことで、おかれた状況の違う生徒たちが、どこかで引っかかることがあるだろうと考えてのことです。どんな経験も、役立ち方はいろいろだけど、いつか活きてくることもあることを伝えます。

また何も頑張れない時の無気力感や孤独感、道を決め切れずに悩み続けた時の気持ちや本音を話すことで、生徒たちに響くことも多かったようです。実際に生徒たちからは、次のような感想をもらうことが多かったです。

「浅見さんが言った「世界中が敵」という言葉に、とても共感した。」
「実は僕も、学校に行くことも自分のことすらも嫌になった時があった。」

「私も、みんなが自分の悪口を言っているんじゃないか、自分の居場所がなくなっているんじゃないかと思ってた。」

こうした言葉は、実は中学校や高校に限らず、大学で話をさせてもらった時にも数多くありました。やっぱりこういう感覚は、ボクだけでなく今も多くの生徒たちに共通しているのだなと思います。

そして、その感覚に苦しんだからこそ行なうことができた今までの取り組みや思いを話すと、生徒の感想に温かな言葉や未来に向けての言葉が現れてくるようになりました。

「今何かで困っていても、学校よりも広い世界があって、いつか自分にも何かできる力があるのかもしれないなと思えた。」

「経験は力になるんだなあと感じたので、若いうちにいろんなことに挑戦して、経験を増やしていきたいなと思いました。」

「浅見さんの引きこもり経験がその後、役立ったように、人生って何が転機になるかわからない。だから、私は高校生活をもっと頑張ってみようと思った。」


こうした感想をいただけることは、本当に嬉しいです。ある時には、学年の約二五〇名の生徒全員が、作文で使う原稿用紙に、びっしりと感想を書いてくれたこともありました。そこには、多くの生徒の正直な声や気持ちが溢《あふ》れていました。そのひと言ひと言がボク自身にとっての勇気にもなり、どれも大切な宝物になっています。また、中でもボクにとっての頑張る力になるのが、次のような言葉たちでした。


「私は、人のためになれるような人になっていきたいです。」

「自分は、人を笑顔にできるような大人になりたい。」

「俺は、人に希望を持たせてあげられる人になりたい。」

居場所が無い感覚や、つらい気持ちを持つ生徒が本当に多くいました。そしてまた、そういう状況にある人の力になりたいと話してくれる生徒も本当に大勢いました。生徒たちが書いてくれる一つ一つの言葉に、ボクは勇気をもらっています。だからこそ、もっともっと挑戦していこうと思えます。

挑戦を重ねた先でまた、「あれから、こんな発見があったんだ！」「次は、こんな失敗しちゃったよ……」「また、おもしろいことが起きたよ」という話を返していきたいなあと思っています。

四七都道府県全ての地域を回って、生徒たちと言葉を交わしていきたいと思っています。必ず行きます！

◆教室の居づらさ研究

ある学校で定期的に、中高生たちとともに「学校や教室での居づらさ」を生徒の視点から研究する講座を開いています。これはファミリー・テラスとして関わるおもしろい試みの一つです。

居づらい教室と居やすい教室の違いって何だろう、先生や親とどうコミュニケーションを取れれば気持ちが楽になるだろう、といったことを中高生たちと一緒に考えています。

この講座を行なう理由の一つは、「学校での居づらさや苦しさは、不登校生だけでなく、学校の中にいる生徒たちも感じている」からです。

もう一つの理由は、「不登校」や「居場所の無さ」といったトピックは、生徒たちに起きていることだけれど、なぜかそれを語るのは専門家など大人であることが多く、当事者である子どもたちの声が表に出ることが少ないからです。

学校の内外に関係なく、生徒たちが抱えるしんどさを、生徒自身で語り合い、研究する場こそ必要だと考え、この「居づらさ研究」を行なっています。

生徒自身の身に起きていることを客観的にとらえ、自ら説明できるようになれば、居づらい場所を変えていくことができるかもしれません。生徒のSOSが、もっと周囲に伝わっていくかもしれません。生徒の言葉や気持ちに耳を傾けながら、研究を続けています。

専門家や大人の知識や意見ももちろん大切です。両輪があることで、今のこの状況を変えていけるとも思っています。

◆子どもは見ている

子どもたちと話をする中で、多くの子どもに共通する「子の元気な状態を左右する要素」があるように思いました。それは、「親」に関することです。お子さんが不登校だという親御さんたちの話を聞く中でも、「自分が○○したら、急に子どもが元気になって学校に行き始めた」という話を度々耳にすることがありました。

実際にボクが聞いた、当時不登校だった高校生の話をします。彼は、とにかく親のある部分が気になって仕方がないと言っていました。彼が話してくれたのは次の二つです。

「家にいる時ってさ、親からのどんな言葉よりも、親からただよう空気感の方が心に刺さって痛いんだよね。」

「親の表情とか、オーラとか、それが一番ズキッとくる。」

彼は、自分で自分のことを「敏感なタイプ」と言っていました。だからこその感覚だったかもしれません。ただ、たしかにボク自身も、親の表情や空気感によって自分の気持ちや感情が変わることがよくありました。

親御さんから話を聞く会で、あるお母さんが話してくれたことです。

「学校を休み始めていたウチの子に、「もう、学校に行かなくていいよ。今日から、お母さんと一緒にゆっくりしちゃおう」って伝えたら、逆に張り切って学校に通うようになって。びっくりしちゃった。」

また、別のお母さんからは、こんな話を聞きました。

「もう、自分がずっと悩んでいても仕方がないから、思い切って吹っ切ってみたの。私が悩んでたのはね、うちの子を、他の子と比較してたからだなって気づいちゃって。」

「子どもが成長するにつれて、私はいつのまにか同じ学年の他の子どもたちと比較して「うちの子は、これができてない」「うちの子は、これも苦手だ」って思ってどんどん心配になっちゃってたの。でもね、そもそもこの子が生まれた時って、「この子が、ずっと健康でいてくれますように」って思いで、健康で笑顔でいてくれたらそれだけで嬉しかったのよ。その時の自分の気持ちを思い出したら、今の私、何に悩んでるんだろうって少し可笑しく思えてきちゃって、悩んでた気持ちが吹っ飛んじゃったの。」

「そしてね、そういう気持ちって不思議と子どもに伝わるのか、あれから子どもの表情がどんどん明るくなってきた気がするの。」

生徒たちの「親の表情や空気感が心にズキッと刺さる」という言葉、そしてお母さんたちの「吹っ切れて、気持ちが楽になったら、子どもも明るくなってきたの」という言葉、どちらも事実なのだと思います。それぞれの言葉を聞く中で、ボクの心に「これだ！」という確信が生まれました。

「子どもの自然な笑顔や明るさは、親の心の気楽さや穏やかさによって表れてくるのかもしれない！」

そんな気づきをもとに、ボクは「親の心を楽にする」ことを目的とした企画を始めることにしました。

◆親の心が楽になる場所づくり

ファミリー・テラス主催で、いくつかの地域で定期的に「子どもの気持ちを、親に伝える会」を開く、といった形で行ないました。まずはこの取り組みを始めるにあたり、場所づくりの大まかな内容を決めました。その時のチラシに、概要を次のように書きました。

「ネットゲームに日々一二時間以上没頭していた「二三歳の元引きこもり青年」が、「①不登校・引きこもりの実体験」と「②二〇〇〇名以上の親子にお会いしてきた経験」を、温かな笑いを添えてお話しします」

これだけを読むと、「なんだこれは。落語、それとも漫談か?」と感じてしまうかもしれませんが、とにかくまずは、「親の心が楽になる、親の笑いが生まれる場所をつくろう」という思いでこの取り組みを始めました。

まだまだ宅配の会社で、早朝仕分けのアルバイトをしている時期で、お金も社会的信用もほとんどないボクでしたが、大学時代の活動に共感してくださっていた何人かの親御さんや大学の先生、専門職の方のご助言やご助力、更には快く場所を貸してくださったA市のカフェ、B市の通信制高校などのご厚意のおかげで、この企画をスタートさせることができました。

具体的な中身としては、定期的に数名の親御さんに集まっていただき、「こういう時、子どもってどんな気持ちなの？」といった質問や関心にそって、あくまで一例ですが「ボクの不登校時期の気持ち」や「これまで出会ってきた子どもたちから学んだこと」などを気軽に話していく座談会のようなものです。

実際には、「子どもに元気になってほしいけれど、どう声をかけてあげるのが子どもにとって良いのかがわからない」とおっしゃる方もいれば、「うちの子は元気だけど、引きこもっていた人の話を聞けること自体がおもしろそうだなって思って来ました」といった方もいました。

そして時には、同じような悩みを抱える親同士がゆっくりと交流する時間にもなり、つらそうだった表情が、帰る時には少し穏やかになっているように見える人もいました。

あるお母さんに起きた変化

そんな変化の一例を取り上げます。

座談会に来てくださったSさんは、初めてこの会に参加した時からとてもつらそうな表情が印象に残る方でした。Sさんが自分の息子さんの話を始めると、毎回、みるみる目が赤くなり涙が浮かんできていました。相当に思いつめていらっしゃるようでした。

お話を聞いてみると、高校生の息子さんがもう二年近く引きこもっているとのことでした。そこでSさんはいろんな本を読んだり、子育てに関する勉強をしたりする中で、Sさんなりに子どもが元気になるようなことをあれこれ試していたそうでした。けれど、何をやっても、息子さんには変化が現れず、心が折れかけている状態でした。

Sさんの話を聞いて、もしボクが息子さんの立場だったらどう感じるかな？と想像してみました。

「いろいろと考えてくれているのは、ありがたい。だけど、いろんな「方法」を試すって、なんだか「あなたを変えてやる」みたいにも感じちゃうなあ。」

と率直に思いました。あわせて、「もし自分がSさんの息子さんだったら、親の表情を見て「あ、お母さん、ボクの話を聞いてくれそうだな」って感じられるだけで、ほっとできるんだけどなあ」とも思いました。

Sさんの息子さんは、ボクではないから全く違うことを感じているかもしれないし、Sさん自身の気持ちも痛いほど伝わってきたのですが、「息子の状況を変えたい」というのが、重い鎖のように二人の間に横たわっているようにも思えたのです。

ボクは「親の心が楽になることが、子どもの自然な元気に繋がるかもしれない」という考えを活かし、「Sさんが自然と笑ってくれること」「ボク自身もSさんと一緒に笑い合えること」を目標に話をしていきました。

そこで話したのは、ある引きこもりの方がふざけて自分自身のことを「私は、引きこもりではなく、自宅警備員である」と言っていた話や、不登校時期のボクの心が落ち着いていった理由でもある「母の外出」についてです。母の外出先の一つが「福山雅治のライブ」でした。外出するようになってから、表情がだんだんと柔らかくなる母を見て、ボクもまた心が楽になっていきました。つまるところ不登校だったボクは、ある意味で福山雅治さんに救われたのかもしれないんです、といった話などをしました。先ほどまでつらそうな表情だったSさんも、話が進むにつれてクスクス笑うまでになってくれました。

それから数週間がたちました。「Sさん、あれから息子さんとどうしたかな」と気になり始めた頃、Sさんが再び座談会に来てくれました。表情がいくらか柔らかな印象になっていました。そんなSさんから、

「最近、ちょっと心が楽になってきたの。息子は相変わらず引きこもっていて、昼夜逆転生活なんだけど、私の感じ方が変わってきて。」

と話が始まりました。

「今までは、昼夜逆転生活を送る息子を見るといろんな感情が込み上げてきていて……。ああ、もうどうすればいいのって思うしかなくて。でも最近は、そんな息子を見る時に「ああ、彼は今日も、自宅警備員で夜勤なのね。お仕事お疲れさま！」って心の中で思ってみたりできるようになって(笑)。でね、なんだかそう思ってみるだけでも、少し心が楽になってきたの。」

その時には、表情が穏やかになっていました。Sさんからこんな話を聞くことがで

きて、ボクはとても嬉しく思いました。ただ、更に嬉しくなる話が続きました。

「でね、ちょっと捉え方を変えてみて、心が楽になっていったら、ついこの間、うちの息子がね、今までほとんど口も利いてくれなくて何も話してくれなかった息子がね、急に、私に話しかけてくれたの。あの子から話しかけてくれることなんて、めったになくなっていたから……。」

お話しされながら、Sさんは最初に来てくださった時と同じように目が赤くなっていました。ただそれは、つらいからではありませんでした。息子から声をかけてもらえた嬉しさで、涙を流していたのです。

◆なぜ、話しかけてきたのか

「話を聞いてほしいけど、話しかけられない。」

こんな気持ちになったことは、ありますか？　ボクは、多くの子どもたちからこんな言葉や気持ちを聞くことがありました。

たしかにボク自身も、親に聞いてほしいことや話したいことがあっても「今なら、お父さんとお母さん、ボクの話を聞いてくれそうだな」という安心感がないと、なかなか話しかけられませんでした。

不登校になってからは、親がつらそうな表情の時は、一層話しかけづらくなりました。ただでさえ「ボクが悪いから、親がつらそうなんだ」という罪悪感が生まれてしまっていたからです。

親が忙しそうな時も同様に、子どもなりの申し訳なさで話しかけられない時もありました。そして、親に否定されることがあると、「話しかけても、どうせ否定されるんだろうな」と思ってしまうこともありました。

だから、あまり会話もしなかったSさんの息子さんが自分からお母さんに話しかけた理由が、（もちろん違うかもしれないけれど）ボクはなんとなく理解できるような気がします。それはきっと、息子さんがSさんの表情を見て、「あ、お母さんに話しかけてもいいのかな」と安心できたからなんじゃないかな、と。

子どもも、親も、本当はお互いに気持ちを共有できたりコミュニケーションを取ればな、という気持ちがあると思います。でも、時に恥ずかしくなったり、時にムカついたり、時に無視してしまったり。

ただ、ボクが今こんな風に考えたり思えたりするのは、「客観的」に「第三者」として、親子を見てきたからだと思うんです。逆に言えば、ボク自身もいざ「自分の親」と向き合うと、結局また言いたくても言えないことや、なぜか強い口調になってしまうことがよくあります。それに比べて、自分の親以外の親である人たちの話は客観的に聞くことができます。そうすると「あ、親って、そんな風に子どものことを思ってくれてたんだ」と気づくことが何度もありました。「実の親子」だからわかることもあれば、「第三者」だからこそ気づくこともあるのかなと思うんです。

そんな気づきが、次の企画に繋がりました。それは、「実の親子」という枠を取っ払う、一風変わった新たなコミュニケーションを生み出す場づくりです。

その名は、「生きづらいフェス」。親子という立場を越えて、世代や職業などの違いも越えて、お互いに日々なかなか周りには言えない気持ちや感覚を、気軽かつポップに吐き出し合う空間をつくろう、と。その中で、子どもも親も、自分の家族以外の親や子を見て、「あ、子どもは、こんなことを感じてたんだ」「あ、親は、そんな風に思ってくれてたんだ」という気づきが生まれればなと考えたのです。そしてついに、夏休みにファミリー・テラス主催で、ご縁のあったお寺を借りて、「生きづらいフェス」を開きました。

◆生きづらいフェス、開催

当日は、小学生から五〇代まで世代も幅広く、バリバリ働くビジネスマンからシンガーソングライター、お坊さん、主婦など様々な立場の方が合計二〇名ほど集まってくださいました。企画内容には次のようなコンテンツや時間がありました。

①「悩み」に「あだ名」を！

自分の悩みや困りごとに、あだ名をつけて自己紹介。例えばボクは、何かにハマってしまうとついつい没頭してしまうので、「(走れメロスならぬ)走りすぎるメロス君」みたいな……(笑)。話したくないなあという気持ちの人は、話さなくても全然大丈夫。

②「お坊さん」×「元引きこもり」生きづらさトーク

老若男女の人生相談を数多く聞き続けてきたお坊さんと、昼夜逆転でゲームをし続けた二三歳の元引きこもりによる、いろんなタイプの生きづらさを語り合い、参加者たちと対話をする企画。

③何もしないくつろぎタイム

これは、休憩時間につけた名称です。好きな場所で好きなことをするでもいいし、何もしなくてもよい時間。

このように誰もが気楽にいられて、ゆるーく笑えて、大人も子どももゆったり息抜きできる空気感を大切にしました。

また、いつもは「聞く」側であるお父さんやお母さんたちが、日頃のモヤモヤや不安を、それぞれのペースで吐き出せる場づくりも大切にしました。

そして実際にこの生きづらいフェスを開催してみると、そこには想像していなかった光景が次々と広がっていきました。

例えば、あるお母さんの話に、たまたまその会場で出会った小学校高学年くらいの少年が真剣な表情で聞き入る姿がありました。実はその子は、自分の話を始めたら止まらなくなってしまうのですが、そこでは素直に真剣に話を聞いていました。

そして時に、そのお母さんに何かを話していました。少年は、そのお母さんの話を聞くことで自分自身の親の気持ちを想像して何か感じることがあったのかもしれません。話しかけているお母さんも、自分のお子さんの姿と重なっていたのかもしれません。

別の場所では、数名ごとにグループをつくって話をしていた時に、「人と話すこと」が怖くてなかなか話し出せず、そんな自分が嫌で泣き出してしまった中学生がいました。そしてその子の周りには、二〇代の若者や小学生たちがあたふたしながらも寄り添っている姿がありました。その子は結局あまり話はしなかったものの、最後はにっこりと笑顔を見せてくれました。

また、フェスのしめくくりには、「日々を生きることに、つらさや難しさを感じている人へのエールを届けよう」という思いを込めた音楽ライブを行ないました。そこでは、今まで何度か出会った、人前では無口なことが多い小学校高学年の少年が、会場のすみっこの方で音楽ライブを聞きながら、一人で涙を流していました。日頃口数の多くない彼だけど、何か心の中には葛藤やモヤモヤを持っていて、それが解放されたのかもしれません。フェスを終えた後には、「次も、絶対に参加したい」と言ってくれました。

人前で話すことが苦手な子もいれば、話が止まらなくなってしまう子もいます。言葉で伝えることができずについ手が出てしまいがちな子や、集団行動に合わずはみ出てしまう子もいます。でも、そんな子どもたちでも、こうしてそれぞれのペースで過ごすうちに、それぞれに気づきや学びがあったように見えました。

つまりある場所では、「この子には問題がある！」と言われてしまったり、あれができていない、これができていないと言われてしまったりするような子たちでも、別の場所ではそれが個性にもなれば、それが縁で周りと繋がることもできる、それを感じました。そんな光景を目にする中でボクは、「〝人〟と〝場所〟の出会いって、大切だな」と実感しました。

ここで得た感触が、ボクが描いていきたい未来にも繋がっていきました。

◆ボクが描く未来――居場所を選べる社会をつくる

ボクが描く未来。それは、子どもが学校になじめなくなった時、周りが、「大変だ。これは問題だ。どう学校に戻して解決しようか？」と問題視するのではなくて、「お、じゃあ、この子にはどんな学び方や学び場が合うんだろう。探してみよう」と反応することが当たり前であったり自然なこととなる未来です。

それは、「〝人〟と〝場所〟の出会いって、大切だな」と感じる体験から生まれた夢でした。

ボクは中学や高校時代の経験や、大学以降の多くの出会いを通して、「子どもと場所の出会い」が持つ重要性を実感してきましたし、出会ってきた方たちと話し合ってきたことでもありました。

例えば、ある場所では全く話をしてくれない、口も開いてくれない、何を考えているのかもわからない子どもが、別の場所に行くと自然な笑顔で話をし始めたり、急に前のめりになって何かに夢中になり始めるシーンをよく目にしました。またその子が好きなことが糸口になって、心を開いてくれる体験も数多くしました。

3章で書いた「音楽好き不登校生×シンガーソングライター」プロジェクトの時のまゆちゃんも、まさに「人」と「場所」と「好きなこと」が組み合わさることで大きな変化を見せてくれました。

これは大人にも言えることです。就職した会社ではパッとしない表情だった友人が、転職したとたん、水を得た魚のように楽しそうに働き始めることもありました。仕事は、前の会社よりきついのにも関わらず、です。「場所」(仕事の内容や人間関係も含みます)が変わるだけで、「人の姿や表情、眼差し」が変わっていくことは、誰もが想像できることですし、経験された方も多いと思います。

こんな様子を多く見るにつけ、「特定の場所(学校)に合わない＝必ずしもその人に問題がある」わけではないのでは、と考えるようになりました。

それに、一つの場所に一〇〇人いれば、数名くらいは「もっと他の場所の方が合う人」や「別の場所で活躍できる人」は必ずいるのではないでしょうか。

学校という場所には、たくさんの子どもたちが集まります。そんな場所で、「この学校に合わない子は、一人も出てこない」なんてことは、有りうるでしょうか?

◆学校の先生から聞いたこと

以前、講演でお邪魔した学校で、ある先生がこんなことをおっしゃっていました。

「生徒たちを見ていると、本当にいろんな個性があるんだなって思うんだよね。」

「育ち方だって、考え方だって、感じ方だって、一人一人違う。」

「もちろん、自分が働くこの学校でなんとか全員にとって良い環境を作りたいとは思っている。ただ、自分ですらも、自分の子どもですらも、特定の場所に合う、合わないってあるんだよね。だから、このたった一つの学校が全ての生徒に合うかどうかと考えると、正直、どうなんだろうと思ってしまうこともあるよ。」

また別の学校ではこんな話をしてくれた先生もいました。

「うちのクラスに、あんまり学校に来てない生徒がいてさ。実は自分も学生時代にそういう経験があったから、その生徒にとってもいちいち何か言われるのは嫌だろうなって思うし、本当は心が落ち着くまでそっとしといてあげたいんだよね。」

「でもね、担任である以上、どうしても「あと○日休むと、進級できないぞ」とか言わないといけないんだよ。言いたくなくても、そっとしといてやりたくても、言わなきゃいけないんだよ。それが、自分自身、何だか悔しくてさ……。」

先生の数だけ考え方や感じ方があると思うので、違う考えの先生もいらっしゃるかもしれません。ただ、ボクが話を聞いた現場の先生たちには、多くの生徒にとってより良い環境にしたいと奮闘しているけれど、一人一人にゆっくり向き合えないことへの「先生としての悔しさ」があるようでした。

このような生徒や親、先生の声を聞いていく中で、やっぱり「一つの学校に合わないこと」は、本当に「問題と見なされるべきこと」なのか？　という疑問がありました。

そう考える現実がボクたちが暮らす日本の中にあります。

◆始業式に、人生を終わらせる子どもたち

このグラフを見てください。

これは、日本における三六五日別の自ら命を絶つ、一八歳以下の子どもの人数を示したものです。一年の中で、その人数が飛び抜けて多い日があります。突出している

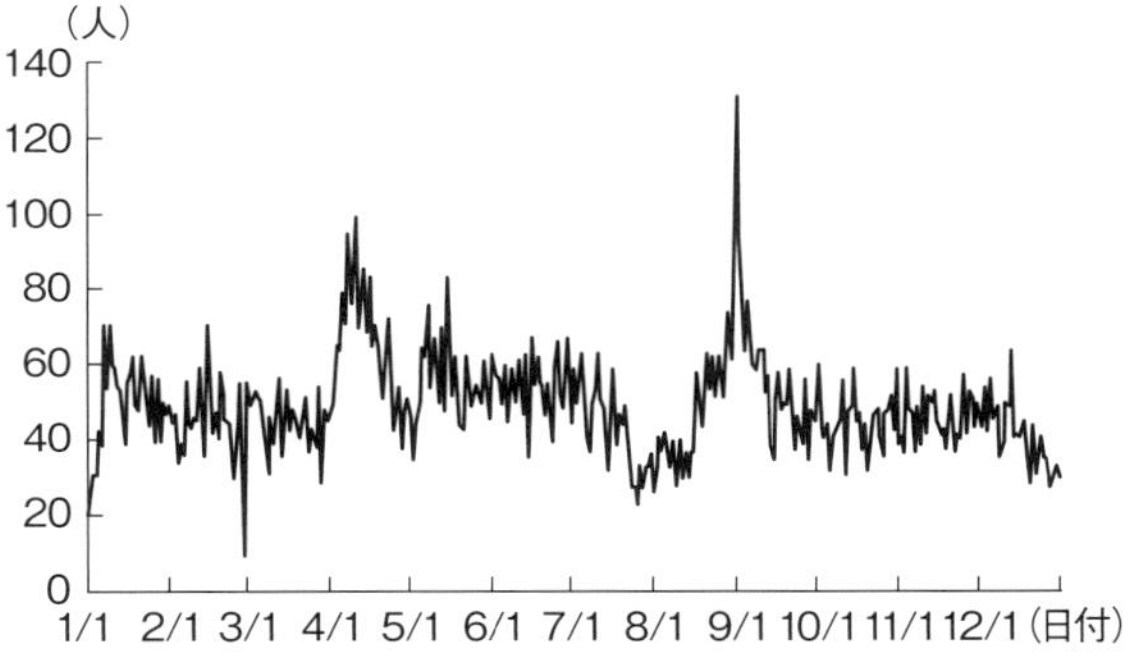

18 歳以下の日別自殺者数

過去約 40 年間の厚生労働省「人口動態調査」の調査票から内閣府が独自集計(『平成 26 年度　自殺対策白書』から抜粋)

のは、九月一日です。多くの学校で、この日から新学期が始まります。

学校が始まるタイミングで、生きることを諦めてしまう子どもが日本にはたくさんいる、そんな現実があります(大学時代の十人十輝から、この若者の自死防止の活動に取り組み、ファミリー・テラスでも継続課題としてきました)。

理由はもちろん人それぞれでしょう。ただ、これまで出会ってきた子どもたちの話を聞く中では、「学校が全て」という風潮によって苦しんでいる可能性があるように感じます。逃げていい時もあるのに、「学校に通えない、合わない＝悪」というイメージに悩む子も、親も、実際、数多くいました。そしてまた、「きっと、大丈夫だよ！」という声がけだけでは、なかなか状況が良くならない現実も目にしてきました。

では実際、何をどうすれば、「今いる学校だけでなく、他にもいろんな道や場所があるんだよ」と、思いつめている子たちに伝えることができるのでしょうか。

まずは、「学校に通えない、合わない＝悪」という呪縛から自由になることが重要です。しかし親子でその呪縛にかかっていると、なかなか自由になることは難しいので、学校以外の場所で歩みを進めている子どもやその親御さんの実例を示すことで「今いる学校だけでなく、他にもいろんな道や場所があるんだ！」「今いる学校だけが全てではないんです！」ということを伝えていきたいと思います。

実際、あまり知られていないだけで、たくさんの人たちの努力によって居場所がつくられています。また既存の学校以外にも学べる場所が増えています。

◆全国各地にある学び場

皆さんは、「フリースクール」という言葉を聞いたことがありますか？「フリースクール」は、いろいろな事情があって、既存の学校に通えなくなった子どもたちの居場所、そして学びの場所の総称であり、これまで全国各地につくられてきました。規模や活動内容は多種多様で、四〇〇〇名余の小中学生が通っています（二〇一六年、文部科学省調べ）。

最近では、構造改革特区の制度を利用して、私立学校（学校法人）の認可を受けたフリースクールの設立が可能となり、これまでにない「学校」も少しずつですが増えています。まさに、今、学びを取り巻く環境が変わりつつあるのです。またイギリス、フランス、ドイツ、アメリカなどにルーツのある「サドベリースクール」「シュタイナースクール」「フレネスクール」「サマーヒルスクール」といった学び場が全国各地につくられています。これらは、総称して「オルタナティブスクール」と呼ばれています。

今までのフリースクールは、どちらかというと「不登校だから通う」ケースが多かったと思いますが、最近は既存の学校にはない魅力にひかれて通う、その学校が好きだから通うというお子さんも増えています。

こうした新しい形のスクールには、それぞれ特徴があります。

例えばあるスクールでは、「子どもたち自身」が、その学び場をどんな場所にしていきたいか議論し合って方針を決めたり、自分たちで何をどう学ぶかを決めたり、時間割を決めたり、はたまた修学旅行などの企画や運営会議を行なったりもしています。

既存の学校に近いスタイルできっちり時間割があるスクールもあれば、時間に縛られず体験などを通して自由に学んでいくスクールもあります。

ボク自身も、このような「学校」の外にある学び場、そしてそこにいる人たちによって支えてもらって今があります。

だからボクはこうした現実をふまえ「今通っている学校が、世界の全てではないんだよ」と伝えていきたいのです。そこに合わない、行けない自分はダメな人間だ、と思わなくていいんだよ、と。

別の場所で、いったんゆっくりひと休みすることで、また道が開けてくることだってあるはずです。

たしかに、「みんなと違う」道を進むのは不安かもしれません。それでも、「こんな場所があるんだ」と思って心が楽になることも大事だと思います。

こうしたスクールの増加にともない、文部科学省でも「不登校児童生徒への支援の在り方について」といった通知を二〇一六年九月に出して、各地域での取り組みの充実を求めています。さらに同年の一二月には、超党派の議員立法で不登校の子どもに、学校外での多様な学びの場を提供することを目的とした「義務教育の段階における普通教育に相当する教育の機会の確保等に関する法律」(教育機会確保法)が成立、公布されました。

学校以外の居場所に救われたボクとしては、学校とそういった居場所の垣根を取り払って、どこで学んでも、次の道に進んでいく選択肢や機会のある未来をつくっていきたいと思っていますし、今後の活動の中でもそのことを、声を大にして言っていきたいです。

多様な「居場所」が保障されれば、子どもたちは自分に合う場所、そして自分のペースで学ぶことができます。次に必要になってくるのは多様な「学び方」の保障だと考えています。

◆学び方もいろいろあっていい

ファミリー・テラスの活動などを通じてボクは、「周りに合わせられない自分は、何か問題のある人間だ」と感じてしまっている、けれどすごい一面を持つ子どもたちに数多く出会ってきました。

例えば、なぜか「ＬＥＤライト」が大好きで大好きで、ＬＥＤのことならなんでも知っていて、LEDについて話し始めたら何時間でもその魅力について話してしまう小学生がいました。

他にも、勉強をせずにニンテンドーDSの「逆転裁判」というゲームばかりやっていて、それがきっかけとなり法律や弁護士に興味を持ち始めて、司法試験の勉強にハマっていった中学生がいました。

そして、哲学とマンガが大好きで、マンガのキャラクターを使って哲学の理論をわかりやすく説明するノートを、周りに見せることなくひたすら書き続けている高校生もいました。

それ以外にも、「深海魚」のことならめちゃめちゃ勉強する子、武術にハマって自分の身体を鍛えていこうとする中で「栄養学」に関する知識をどんどん蓄えていった子などなど、個性豊かな子どもたちがいました。

どの子も、その個性ゆえに「集団」からはみ出したり、「学校の教室」では浮いてしまったりして、居づらさや自己否定感を持ってしまっていました。更には「あの子、へんだよね」とか「おかしな子」と言われて、自分の殻に閉じこもってしまう子もいました。

けれど、もし一人一人の「好きなこと」や「興味や関心があること」を一緒に楽しんでくれる人がいたらどうでしょう。

好きだったり興味のある分野の専門家や、経験や知識を持つ人と出会って学べる機会が、子どもたちに保障されていたならどうなるでしょうか。

例えば、LED好きの小学生と、LEDの研究者や発明家が出会えたら、どうなると思いますか？　おもしろい化学反応が起きる気がしませんか？

どんな興味や関心だって、きっとその道の人との出会いや、その生徒なりの学び方に繋がっていく可能性があると思うんです。

日本の中だけでも、一億人以上の人々がいます。それぞれの「好きなこと」や「興味や関心があること」が出会いだしたら、世の中はもっとおもしろくなる予感がしませんか？

だからボクは、一人一人の子どもに合った、そして安心できる「学び場」や「学び方」を見つけることができるようになれば、それだけで子どもたちがどんどん変わっていくと思います。表情が豊かになると思います。

そして、そんな子どもたちの変化が日本各地で起きていったら、この先の未来はどんどん温かく、おもしろくなっていくと思います。

そこで、まさにこれからボクが挑もうとしていることがあります。

◆これから挑んでいくこと

ボクがこれから挑もうとしているのは、

「全国四七都道府県の「学校外の学び場」へ、取材に行く。」

です。そしてそれを様々な形で発信していきます。

「こんな居場所、こんな学び場、こんな学び方、こんな生き方や進路もあるんだよ。」

　ということを発信していきます。

　全国各地にある、一〇〇カ所以上の学校外の学び場の情報や、その場所にいる子どもや親、先生たちの実際の声に耳を傾け、それらを集めていきます。

　そうしたらその先で何が起きるでしょうか。

　その声や実例が、各地の親子に届いていったら、どうなるでしょうか。

　全国各地の声や経験が可視化され、ほしいと思っていた情報や人に繋がり、行きたい居場所に行くことがもっと当たり前になれば、未来はもっと素敵におもしろくなると思うんです。また、全国を回る中で、ボクと一緒に挑戦してくれる次なる仲間と出会えるかもしれません。

　ボクの挑戦はまもなく始まります。

おわりに

ボクは、「今いる学校が、世界の全てだ」と思い込んでいたことで、学校になじめない、行けない自分を責め、苦しんでいました。

けれど、相談員の鈴木さんがいた学校外の居場所との出会いで、ボクは人生を救ってもらいました。そして、高校でみのると出会い、大学時代の「十人十輝《じゅうにんといろ》」での活動、更にまゆちゃんを始め、世界各国の若者たちとの出会いを通して、人は十人いれば十通りに輝くだけでなく、一人一人が十色の輝きをもっていることを知りました。

更に一番どん底にいた時、それは生きることを諦めかけた時に「直輝が生きてくれているだけで、お父さんとお母さんは幸せだよ」という親からのひと言で、ボクはもう一度、生きていこうと思えました。

ボクは、「人」に救われて今の命、今の人生があります。だからボクは、ボクの人生を、「人」に捧げ抜きたいと思っています。一人十色《ひとりといろ》な未来を実現していくために。具体的なことはここまでのところで述べましたが、やりたいことや挑戦したいことがたくさんあります。ただ何よりもまず、活動をともに進めてくださった方々、これまで支えてくださった全ての方々に、心から感謝を申し上げます。

ちなみに、皆さんがこの本を読んでくださっているその年が、二〇一八年であろうと、二〇二〇年であろうと、二〇三〇年であろうと、ボクは変わらず地道に挑戦を続けていると思います。もしかしたら、あなたの住む地域にも「声を聞かせてください！」と飛び込んでいるかもしれません。

今のところの予定では、二〇八四年、ボクが九〇歳になるまで、ボクは人の秘める色や才能にのめり込みながら歩んでいるはずです。とはいえ、いつになっても心配性な性格や、いろんなことを気にしがちな性格は、不登校だった中学の頃から変わらないままだと思います。そう、「中身」は変わらないと思うんです。だから、この「中身」を活かせる居場所を、ボクは探し続けようと思っています。いつかきっと出会えるかもしれない「直輝さん！　本読みました！　一緒にチャレンジしたくなりました！」というひと声をワクワクしながら待ちつつ、今日も明日も歩んでいきます。

最後に、今、小学生、中学生、高校生の皆さんへ。

みんなも、いつかどこかで一歩を踏み出すタイミングがあると思います。その先で、うまくいかないことや、苦しくなること、絶望してしまうことが何度も何度もあるかもしれません。そんな時に、頭の片隅でこれだけでも思い出してもらえたらなと思っています。

「そういえば、引きこもって人生に絶望していたのに、それが誰かの支えや人との繋がりになって、パワーアップしながら生きてた人、いたなあ」って。

ボクは不登校になったことで、引きこもったことで、人生を諦めようとしたことで、わかったことがあります。

ツラさは、いつかチカラになる、ということを。

浅見直輝
1994年生まれ．中学時代，1年半の不登校を経験した元引きこもり．その後，亡くなった祖父への恩返しとして猛勉強し，早稲田大学入学・卒業．大学在学中，196カ国の青年が集う次世代サミット日本代表に選ばれ，日本事務局公式アンバサダーを務める．中学時代や国内外での経験や活動をもとにTEDxTohokuをはじめこれまで9000名以上の中学・高校生，保護者向けに講演活動を行なう．また47都道府県のフリースクールやオルタナティブスクールを紹介するWEBメディア『マナカタ』を運営中．https://mana-cata.jp

居場所がほしい
——不登校生だったボクの今　　岩波ジュニア新書 884

2018年9月20日　第1刷発行
2020年8月25日　第3刷発行

著　者　浅見直輝《あさみなおき》

発行者　岡本　厚

発行所　株式会社 岩波書店
〒101-8002 東京都千代田区一ツ橋 2-5-5
案内 03-5210-4000　営業部 03-5210-4111
ジュニア新書編集部 03-5210-4065
https://www.iwanami.co.jp/

印刷・精興社　製本・中永製本

ISBN 978-4-00-500884-1　Printed in Japan

岩波ジュニア新書の発足に際して

きみたち若い世代は人生の出発点に立っています。きみたちの未来は大きな可能性に満ち、陽春の日のようにひかり輝いています。勉学に体力づくりに、明るくはつらつとした日々を送っていることでしょう。

しかしながら、現代の社会は、また、さまざまな矛盾をはらんでいます。営々として築かれた人類の歴史のなかで、幾千億の先達《せんだつ》たちの英知と努力によって、未知が究明され、人類の進歩がもたらされ、大きく文化として蓄積されてきました。にもかかわらず現代は、核戦争による人類絶滅の危機、貧富の差をはじめとするさまざまな人間的不平等、社会と科学の発展が一方においてもたらした環境の破壊、エネルギーや食糧問題の不安等々、来るべき二十一世紀を前にして、解決を迫られているたくさんの大きな課題がひしめいています。現実の世界はきわめて厳しく、人類の平和と発展のためには、きみたちの新しい英知と真摯《しんし》な努力が切実に必要とされています。

きみたちの前途には、こうした人類の明日の運命が託されています。ですから、たとえば現在の学校で生じているささいな「学力」の差、あるいは家庭環境などによる条件の違いにとらわれて、自分の将来を見限ったりはしないでほしいと思います。個々人の能力とか才能は、いつどこで開花するか計り知れないものがありますし、努力と鍛錬の積み重ねの上にこそ切り開かれるものですから、簡単に可能性を放棄したり、容易に「現実」と妥協したりすることのないようにと願っています。

わたしたちは、これから人生を歩むきみたちが、生きることのほんとうの意味を問い、大きく明日をひらくことを心から期待して、ここに新たに岩波ジュニア新書を創刊します。現実に立ち向かうために必要とする知性、豊かな感性と想像力を、きみたちが自らのなかに育てるのに役立ててもらえるよう、すぐれた執筆者による適切な話題を、豊富な写真や挿絵とともに書き下ろしで提供します。若い世代の良き話し相手として、このシリーズを注目してください。わたしたちもまた、きみたちの明日に刮目《かつもく》しています。(一九七九年六月)

870 覚えておきたい 基本英会話フレーズ130　小池直己
基本単語を連ねたイディオムや慣用的フレーズを厳選して解説。ロングセラー『英会話の基本表現100話』の改訂版。

871 リベラルアーツの学び ―理系的思考のすすめ　芳沢光雄
分野の垣根を越えて幅広い知識を身につけるリベラルアーツ。様々な視点から考える力を育む教育の意義を語る。

872 世界の海へ、シャチを追え！　水口博也
深い家族愛で結ばれた海の王者の、意外な素顔。写真家の著者が、臨場感あふれる美しい文章でつづる。〔カラー口絵16頁〕

873 台湾の若者を知りたい　水野俊平
若者たちの学校生活、受験戦争、兵役、就活……、3年以上にわたる現地取材を重ねて知った意外な日常生活。

874 男女平等はどこまで進んだか ―女性差別撤廃条約から考える　山下泰子・矢澤澄子監修／国際女性の地位協会 編
女性差別撤廃条約の理念と内容を、身近なテーマを入り口に優しく解説。同時に日本の課題を明らかにします。

875 〈知の航海〉シリーズ 知の古典は誘惑する　小島毅 編著
長く読み継がれてきた古今東西の作品を紹介。古典は今を生きる私たちに何を語りかけてくれるでしょうか？

877・876
数学を嫌いにならないで
基本のおさらい篇
文章題にいどむ篇
ダニカ・マッケラー
菅野仁子 訳

数学が嫌い？ あきらめるのはまだ早い。この本を読めばバラ色の人生が開けるかもしれません。アメリカの人気女優ダニカ先生が教えるとっておきの勉強法。苦手なところを全部きれいに片付けてしまいましょう。いつのまにか数学が得意になります！

878
10代に語る平成史
後藤謙次

消費税の導入、バブル経済の終焉、テロとの戦い…、激動の30年をベテラン政治ジャーナリストがわかりやすく解説します。

879
アンネ・フランクに会いに行く
谷口長世

ナチ収容所で短い生涯を終えたアンネ・フランク。アンネが生き抜いた時代を巡る旅を通して平和の意味を考えます。

880
核兵器はなくせる
川崎 哲

ノーベル平和賞を受賞したICANの中心にいて、核兵器廃絶に奔走する著者が、核の現状や今後について熱く語る。

881
不登校でも大丈夫
末富 晶

「学校に行かない人生＝不幸」ではなく、「幸福な人生につながる必要な時間だった」と自らの経験をふまえ語りかける。

882 40億年、いのちの旅
伊藤明夫
40億年に及ぶとされる、生命の歴史。それをひもときながら、私たちの来た道と、これから行く道を、探ってみましょう。

883 生きづらい明治社会
―不安と競争の時代
松沢裕作
近代化への道を歩み始めた明治とは、人々にとってどんな時代だったのか？　不安と競争をキーワードに明治社会を読み解く。

884 居場所がほしい
―不登校生だったボクの今
浅見直輝
中学時代に不登校を経験した著者。マイナスに語られがちな「不登校」を人生のチャンスととらえ、当事者とともに今を生きる。

885 香りと歴史　7つの物語
渡辺昌宏
玄宗皇帝が涙した楊貴妃の香り、織田信長が切望した蘭奢待など、歴史を動かした香りをめぐる物語を紹介します。

886 〈超・多国籍学校〉は今日もにぎやか！
―多文化共生って何だろう
菊池　聡
外国につながる子どもたちが多く通う公立小学校。長く国際教室を担当した著者が語る、これからの多文化共生のあり方。

889 めんそーれ！　化学
―おばあと学んだ理科授業
盛口　満
料理や石けんづくりで、化学を楽しもう。戦争で学校へ行けなかったおばあたちが学ぶ教室へ、めんそーれ(いらっしゃい)！

888・887
数学と恋に落ちて
未知数に親しむ篇
方程式を極める篇
ダニカ・マッケラー
菅野仁子 訳

将来、どんな道に進むにせよ、数学はあなたに力と自由を与えます。数学を研究し、女優としても活躍したダニカ先生があなたの夢をサポートする数学入門書の第二弾。式の変形や関数のグラフなど、方程式でつまずきやすいところを一気におさらい。

890
情熱でたどるスペイン史
池上俊一

長い年月をイスラームとキリスト教が影響しあって生まれた、ヨーロッパの「異郷」。衝突と融和の歴史とは？（カラー口絵8頁）

891
不便益のススメ
―新しいデザインを求めて
川上浩司

効率化や自動化の真逆にある「不便益」という新しい思想・指針を、具体的なデザイン、モノ・コトを通して紹介する。

892
ものがたり西洋音楽史
近藤　譲

中世から20世紀のモダニズムまで、作曲家や作品、演奏法や作曲法、音楽についての考え方の変遷をたどる。

893
「空気」を読んでも従わない
―生き苦しさからラクになる
鴻上尚史

どうしてこんなに周りの視線が気になるの？どうして「空気」を読まないといけないの？その生き苦しさの正体について書きました。

894 **内戦の地に生きる**
―フォトグラファーが見た「いのち」
橋本　昇
母の胸を無心に吸う赤ん坊、自爆攻撃した息子の遺影を抱える父親…。戦場を撮り続けた写真家が生きることの意味を問う。

895 **ひとりで、考える**
―哲学する習慣を
小島俊明
主体的な学び、探求的学びが重視されているなか、フランスの事例を紹介しながら「考える」について論じます。

896 **「カルト」はすぐ隣に**
―オウムに引き寄せられた若者たち
江川紹子
オウムを長年取材してきた著者が、若い世代に向けて事実を伝えつつ、カルト集団に人生を奪われない生き方を説く。

897 **答えは本の中に隠れている**
岩波ジュニア新書編集部編
悩みや迷いが尽きない10代。そんな彼らに、個性豊かな12人が、希望や生きる上でのヒントが満載の答えを本を通してアドバイス。

898 **ポジティブになれる英語名言101**
小池直己
佐藤誠司
プラス思考の名言やことわざで基礎的な文法を学ぶ英語入門。日常の中で使える慣用表現やイディオムが自然に身につく名言集。

899 **クマムシ調査隊、南極を行く！**
鈴木　忠
白夜の夏、生物学者が見た南極の自然とは？ 笑いあり、涙あり、観測隊の日常がオモシロい！〈図版多数・カラー口絵8頁〉

900 男子が10代のうちに考えておきたいこと　田中俊之
男らしさって何？　性別でなぜ期待される生き方や役割が違うの？　悩む10代に男性学の視点から新しい生き方をアドバイス。

901 カガク力《りょく》を強くする！　元村有希子
疑い、調べ、考え、判断する力＝カガク力！　科学・技術の進歩が著しい現代だからこそ、一人一人が身に着ける必要性と意味を説く。

902 世界の神話　沖田瑞穂
個性豊かな神々が今も私たちを魅了する聖なる物語・神話。世界各地に伝わる神話のエッセンスを凝縮した宝石箱のような一冊。

903 「ハッピーな部活」のつくり方　中澤篤史　内田　良
長時間練習、勝利至上主義など、実際の活動から問題点をあぶり出し、今後に続くあり方を提案。「部活の参考書」となる一冊。

904 ストライカーを科学する　―サッカーは南米に学べ！　松原良香
南米サッカーに精通した著者が、現役南米代表などへの取材をもとに分析。決定力不足を克服し世界で勝つための道を提言。

905 15歳、まだ道の途中　高原史朗
「悩み」も「笑い」もてんこ盛り。そんな中学三年の一年間を、15歳たちの目を通して瑞々しく描いたジュニア新書初の物語。

906 レギュラーになれないきみへ　元永知宏

スター選手の陰にいる「補欠」選手たち。果たして彼らの思いとは？ 控え選手たちの姿を通して「補欠の力」を探ります。

907 俳句を楽しむ　佐藤郁良

句の鑑賞方法から句会の進め方まで、季語や文法の説明を挟み、ていねいに解説。句作の楽しさ・味わい方を伝える一冊。

908 発達障害 思春期からのライフスキル　平岩幹男

「今のうまくいかない状況」をどうすれば「何とかなる状況」に変えられるのか。専門家がそのトレーニング法をアドバイス。

909 ものがたり日本音楽史　徳丸吉彦

縄文の素朴な楽器から、雅楽・能楽・歌舞伎・文楽、現代邦楽…日本音楽と日本史の流れがわかる、コンパクトで濃厚な一冊！

910 ボランティアをやりたい！―高校生ボランティア・アワードに集まれ　さだまさし　風に立つライオン基金 編

「誰かの役に立ちたい！」 各地でボランティアを行っている高校生たちのアイディアに満ちた力強い活動を紹介します。

911 オリンピック・パラリンピックを学ぶ　後藤光将編著

オリンピックが「平和の祭典」と言われるのはなぜ？ オリンピック・パラリンピックの基礎知識。

912 新・大学でなにを学ぶか
上田紀行 編著
大学では何をどのように学ぶのか？ 池上彰氏をはじめリベラルアーツ教育に携わる気鋭の大学教員たちからのメッセージ。

913 統計学をめぐる散歩道
―ツキは続く？ 続かない？
石黒真木夫
天気予報や選挙の当選確率、くじの当たり外れやじゃんけんの勝敗などから、統計のしくみをのぞいてみよう。

914 読解力を身につける
村上慎一
評論文、実用的な文章、資料やグラフ、文学的な文章の読み方を解説。名著『なぜ国語を学ぶのか』の著者による国語入門。

915 きみのまちに未来はあるか？
―「根っこ」から地域をつくる
除本理史
佐無田光
地域の宝物＝「根っこ」と自覚した住民によるまちづくりが活発化している。各地の事例から、未来へ続く地域の在り方を提案。

916 博士の愛したジミな昆虫
金子修治
鈴木紀之 編著
安田弘法
SFみたいなびっくり生態、生物たちの複雑怪奇なからみ合い。その謎を解いていくワクワクを、昆虫博士たちが熱く語る！

917 有権者って誰？
藪野祐三
あなたはどのタイプの有権者ですか？ 社会に参加するツールとしての選挙のしくみや意義をわかりやすく解説します。